D1655293

SEEKING THE ESSENTIAL

RAUL DI PACE

SEEKING THE ESSENTIAL

images
Publishing

ÍNDICE
CONTENTS

APARTAMENTOS & EDIFÍCIOS

APARTMENTS & BUILDINGS

COMERCIAL & RELIGIOSO

COMMERCIAL & RELIGIOUS

CONCURSOS PÚBLICOS

PUBLIC COMPETITIONS

PREFÁCIO

PREFACE

"A arquitetura é o jogo sábio, correto e magnífico dos volumes dispostos sob a luz."

—Le Corbusier

Architecture is the learned game, correct and magnificent, of forms assembled in the light."

—Le Corbusier

Em minha trajetória profissional visitei centenas de obras e conheci o trabalho de inúmeros arquitetos, sempre sentindo um prazer enorme em observar a beleza da arquitetura contemporânea e seu contraponto nas encantadoras cidades medievais europeias. Ou, ainda, na arquitetura tradicional japonesa: fascinante. Procurar novas maneiras de interpretar projetos, enriquecer a linguagem arquitetônica com o passar do tempo, acumular experiências adquiridas na caminhada e evoluir na busca de novas soluções é o que me motiva.

A paixão pela arquitetura me levou a viajar pelo Brasil e por vários países: aos 19 anos viajei com o único objetivo de conhecer projetos arquitetônicos contemporâneos. Contudo, me apaixonei por cidades medievais europeias, como as italianas Siena e Florença, a inglesa Chester, as espanholas Toledo e Sevilha, dentre tantas outras mais. Fui à Grécia, ao Egito e viajei por toda a Itália. Quando graduado na Faculdade de Arquitetura, passei um ano morando na França (Paris e Bordeaux) e viajei aos Estados Unidos para conhecer obras de grandes arquitetos que estão em solo americano, tais como as de Frank Lloyd Wright, Paul Rudolph, Eero Saarinen (notadamente o seu Terminal TWA no Aeroporto Internacional John F. Kennedy (NY)), Richard Neutra, Louis Isadore Kahn, Ludwig Mies Van der Rohe – em especial, seu Crown Hall –, em Chicago, obra dos anos 50, e ainda tão atual. Chicago merece uma citação: passados 20 anos de minha primeira viagem à cidade, retornei e me surpreendi ao constatar o quanto

In my professional life I have visited hundreds of construction sites and come to know the work of numerous architects. I have always felt great pleasure in observing the beauty of contemporary architecture and its counterpoint in the enchanting medieval cities of Europe, or in traditional Japanese architecture, which I find fascinating. Looking for new ways to interpret projects, enriching architectural language over time, accumulating experience along the way, and evolving in the search for new solutions are what motivate me.

My passion for architecture has lured me to different parts of Brazil and to several other countries. At the age of 19, I took a trip with the sole objective of visiting contemporary architectural works. But I also fell in love with medieval European cities, like Italy's Siena and Florence, England's Chester, Spain's Toledo and Seville, and many others. I went to Greece and Egypt and traveled all over Italy. After I graduated from architecture school, I spent a year living in France (Paris and Bordeaux) and went to the United States to see the work of great architects, such as Frank Lloyd Wright, Paul Rudolph, Eero Saarinen (especially his T.W.A. Flight Center at John F. Kennedy International Airport), Richard Neutra, Louis Isadore Kahn, and Ludwig Mies van der Rohe (especially his Crown Hall in Chicago, from the 1950s but still very current). Chicago deserves a special mention: 20 years after my first trip to the city, I returned and was surprised to see how much the city had expanded and

a cidade havia se expandido e o quanto a arquitetura contribuiu para seu crescimento refinado. Nos anos 90, viajei ao Norte da África, Macau e Hong Kong na China, e várias vezes ao Japão. Conheci a fundo os projetos de Tadao Ando, Fumihiko Maki, Shigeru Ban, Toyo Ito e Kenzo Tange. Fiquei fascinado com linhas tão contemporâneas contidas nas obras destes profissionais ante a tradicional arquitetura japonesa, um contraste admirável. Outros destacados profissionais contribuíram em muito para o aumento de meu repertório arquitetônico – grandes nomes como Antoni Gaudí, Affonso Eduardo Reidy, Renzo Piano, Álvaro Siza Vieira, Charles Rennie Mackintosh, Norman Foster... Impossível relacionar todos aqui.

Como resultado de viagens às cidades brasileiras, busquei inspiração em casas da época colonial, que tinham como uma de suas fortes características agregar novos ambientes à construção original mediante necessidades momentâneas de seus proprietários. A forma seguia a função. A diversidade de volumes e a adequada harmonia ao conjunto final eram características marcantes das construções. Agrada-me a coerência dessas cidades, tão harmônicas em seu conjunto heterogêneo, tal como o jogo dos telhados de Ouro Preto que, quando avistado do alto e à distância, formam uma só unidade, uma imagem poderosa, inspiradora: a cidade se derramando sobre as montanhas de Minas Gerais. Esta visão me levou às casas projetadas com um núcleo central (coração) e que admitem modificações com o passar do tempo, e, mesmo assim, mantêm harmonia entre os novos volumes e os originais que as caracterizam: a busca da harmonia no caos. Documentei minhas viagens com fotografias dos mais diversos ângulos de cada obra que visitei. São tantas que hoje meu acervo já reúne cerca de 70 mil fotos.

Meus projetos buscam uma linguagem com linhas puras e diretas. Minha carreira também sofreu a influência do Neues Bauen, alemão dos anos 20 e 30, arquitetos como Wassili e Hans Luckhardt, Peter Behrens, Bruno Taut e Eric Mendelsohn. Importante mencionar Ernst May, os já citados Tadao Ando e Fumihiko Maki e os grandes mestres Frank Lloyd Wright, Ludwig Mies van der Rohe, e Le Corbusier.

Os projetos que executo se desenvolvem de maneira espontânea, de acordo com a necessidade dos moradores. E aqui cito Frank Gehry: "*Tento realizar as fantasias dos meus clientes, criar uma forma arquitetônica especificamente destinada a eles.*" Minha proposta é a

how much architecture had contributed to its refined growth. In the 1990s, I traveled to the north of Africa, and to Macau and Hong Kong in China. I also visited Japan many times. I became familiar with the projects of Tadao Ando, Fumihiko Maki, Shigeru Ban, Toyo Ito, and Kenzo Tange. I was fascinated by the highly contemporary lines in the works of these professionals amid traditional Japanese architecture, an admirable contrast. Other celebrated professionals contributed a great deal to the expansion of my architectonic repertoire—great names such as Antoni Gaudí, Affonso Eduardo Reidy, Renzo Piano, Álvaro Siza Vieira, Charles Rennie Mackintosh, Norman Foster ... It is impossible to list them all here.

As a result of trips to Brazilian cities, I sought inspiration from homes of the colonial era, whose features included the addition of new spaces to the original construction due to the specific needs of their owners. The form followed the function. The constructions were distinguished by the diversity of volumes and adapted harmony of the final layout. I am pleased by the coherence of these cities, so harmonious in their heterogeneous quality, like the roof tiles in Ouro Preto that, when seen from above and at a distance, form a single unit, a powerful and inspiring image: the city spilling over the mountains of Minas Gerais. This view took me to the homes designed with a central area (heart) that allow for modifications over time and still maintain harmony between the new spaces and the original ones that set the tone of the homes: the search for harmony in chaos. I documented my trips with photos from all different angles of each work I visited. This collection of images currently contains some 71,000 photos.

My projects strive for a language with pure and direct lines. My career has also been influenced by Neues Bauen, a German movement from the 1920s and 1930s, and by architects like Wassili and Hans Luckhardt, Peter Behrens, Bruno Taut, and Eric Mendelsohn. It is also important to mention Ernst May, the above-cited Tadao Ando, and Fumihiko Maki, and the great masters Frank Lloyd Wright, Ludwig Mies van der Rohe, and Le Corbusier.

The projects I execute develop spontaneously according to the needs of the residents. Here I quote Frank Gehry: "I try to realize the fantasies of my clients, to create an architectural form specifically designed for them." My proposal is that houses and buildings

de que casas e prédios devam contemplar uma estrutura que permita modificações no decorrer dos tempos, que ofereça aos proprietários a possibilidade de adaptar o espaço às suas necessidades, que admita a introdução de novas tecnologias inexistentes à época do projeto original e que acolha toda e qualquer modificação que reflita anseios estéticos e práticos dos moradores. Ludwig Mies Van der Rohe disse: *"A arquitetura é a vontade de uma época traduzida em espaço."*

No início de minha carreira projetei casas em alvenaria e concreto, explorando todo tipo de volume, com os ambientes se desenvolvendo ao redor de circulações verticais e o desenho se esparramando pelo terreno, com balanços e pátios internos. As casas eram geralmente fechadas para a rua e voltadas aos fundos do terreno, criando um espaço protegido e visualmente atraente, sempre buscando evitar a monotonia, interligando o ambiente interno ao externo, e assim constituindo um só espaço.

Sempre chamou minha atenção o percurso que Frank Lloyd Wright desenvolveu em sua carreira, constantemente evoluindo sua linguagem arquitetônica, desde as primeiras casas em Chicago ao Museu Guggenheim, em Nova York. O que muito me agrada é a mistura de volumes com formas e tamanhos diferentes compondo uma só unidade, tal como montanhas formando uma cordilheira: nada mais inspirador. Muitos de meus projetos são marcados pelo volume constituído por telhados, volumes criados a partir do jogo entre suas águas. Tais projetos foram influenciados pelo *The Prairie Style*, de Lloyd Wright, que se caracterizam por casas que se expandem pelo terreno de forma harmoniosa e equilibrada e pelo uso dos telhados como ponto central de sua linguagem arquitetônica.

O trabalho que realizo é resultado da bagagem de influências que venho recebendo há anos: família, faculdade de arquitetura, viagens, minha curiosidade natural aos mais diversos movimentos arquitetônicos, um aprendizado constante que se reflete nos projetos que executo. Meu processo criativo busca estabelecer espaços inteligentes e generosos, visando a integração total entre o ambiente interno e o externo, uma combinação entre a natureza e o artificial, sempre com a preocupação de inundar os ambientes com luz natural. Venho propondo compartilhar os projetos com os proprietários desde seu início, a fim de que todas as necessidades e aspirações dos mesmos sejam plenamente atendidas.

Não acredito que o arquiteto seja tão somente um

should contemplate a structure that allows for modifications over time, that offers the owners the possibility of adapting the space to their needs, allows for the introduction of new technologies that did not exist at the time of the original plans, and takes in any and all changes that reflect the aesthetic and practical yearnings of the people who live there. Ludwig Mies van der Rohe said: "Architecture is the will of an epoch translated into space."

At the beginning of my career I designed houses in masonry and concrete, exploring all types of volume, with the spaces developing around vertical circulations and the design spreading out over the land, with cantilevers and internal courtyards. The homes generally had their backs to the street and faced inward, creating a protected and visually appealing space, always seeking to avoid monotony, connecting the internal environment with the external, thus constituting a single space.

My attention has always been drawn to the path followed by Frank Lloyd Wright in his career, constantly evolving his architectural language, from the first homes in Chicago to the Guggenheim Museum, in New York. The mixture of volumes with different shapes and sizes that compose a single unit, like a line of mountain peaks, is so pleasing to me; nothing could be more inspiring. Many of my projects are marked by a volume of roof tiles, volumes created from the play of the gables. These projects were influenced by Lloyd Wright's Prairie style, which is exemplified by homes spread out over the land in a harmonious and balanced way and by the use of roofs as a central point of their architectural language.

My work is the result of the treasure chest of influence I have been receiving for years: family, architecture school, trips, my natural curiosity of the various architectural movements, a constant learning process that is reflected in my projects. In my creative process, I aim to establish intelligent and generous spaces and strive for complete integration between the internal and external environment, a combination of nature and the artificial, always taking care to flood the spaces with natural light. Nowadays I propose to share the projects with the owners from the outset, so that all their needs and aspirations are fully met.

I do not believe that architects are just artists. I also see them as engineers, inventors, and especially

artista. Em igual modo, o vejo com um engenheiro, um inventor e, principalmente, como um profissional que visa atender aos desejos de seus clientes. A arquitetura pode ser deslumbrante e envolve inúmeros profissionais que se completam e contribuem para que a obra seja a mais perfeita possível: paisagistas, engenheiros calculistas, engenheiros das áreas de elétrica e hidráulica, os envolvidos em iluminação e em acústica, dentre outras especialidades, devem oferecer propostas que se coadunem com o projeto arquitetônico.

A casa é um espaço vivo, que deve se amoldar às épocas que atravessar, não pode ser estática. O projeto deve acompanhar os tempos e adaptar-se às novas tecnologias, aos novos materiais. Não consigo imaginar uma casa imutável, intocável, tal como um santuário; ela deve ser complexa dentro da simplicidade, integrar o interior ao exterior, se adequar aos moradores, e, para tal, possibilitar a construção e desconstrução, a reorientação e a mudança de função, a fim de que futuramente venha a fazer parte da vida das gerações que irão habitá-la. Imaginação, tecnologia, espaço, beleza, design, tudo faz parte do que é a realização de um sonho: uma casa.

A oportunidade de apresentar seu trabalho em livro é a grande provocação a um arquiteto: mostrar sua trajetória, do início de sua carreira até o ponto onde se encontra no momento da publicação, é um revigorante desafio.

Raul di Pace

professionals that work to meet the desires of their clients. Architecture can be fascinating and involve numerous professionals who complete each other and contribute to make the project the most perfect possible: landscapers, calculation engineers, electrical and hydraulic engineers, and those involved in lighting and acoustics, among other specialties, should offer proposals that fit into the architectural plans.

The home is a living space that should adapt to the times; it cannot be static. The project should keep up with the times and adapt to new technologies and new materials. I cannot imagine a home that is unchangeable or untouchable, like a sanctuary. It should be complex in simplicity, integrate the interior with the exterior, adapt to the people who live there. To achieve this, it should enable construction and deconstruction, reorientation and change in function, so that in the future it becomes part of the lives of the generations that will inhabit it. Imagination, technology, space, beauty, design, this is all part of what makes a dream come true: a home.

For any architect, the opportunity to present their work in a book is very provocative, and it is a reinvigorating challenge for me to show my trajectory, from the beginning of my career to the point where I am at the time of this publication.

Raul di Pace

CASAS

HOUSES

CASAS HOUSES

2015

RUA SANTA JUDITE

Localização **São Paulo, SP**
Uso principal **Moradia**
Imagens **Rômulo Fialdini**
Área de construção **1.200 m²**
Área do terreno **1.070 m²**

Location São Paulo, SP
Principal use Housing
Images Rômulo Fialdini
Construction area 1,200 m²
Site area 1,070 m²

A casa com 1.200 m² está localizada em terreno em declive entre duas ruas, e pode-se afirmar que do local se observa uma das mais belas vistas da cidade de São Paulo, de forma que o projeto foi pensado para evidenciar tal privilégio. No andar térreo encontra-se a área social, no andar superior a área intima, e sobre esta, um teto terraço, onde se descortina um panorama espetacular. A integração entre os ambientes interno e externo permitiu a entrada de luz natural em abundância, ressaltando que foi muito considerada a privacidade dos moradores em relação à rua principal. Graças às proporções da casa, foi possível criar um *promenade* em seu interior e um atraente paisagismo no exterior, o que ofereceu aos moradores o melhor dos cenários.

Located on a sloped terrain between two streets overlooking one of the most beautiful views of the city of São Paulo, this home was designed to take full advantage of such a privileged location. A large social area is placed on the ground floor, while the first floor contains private rooms, covered with a roof terrace that reveals a spectacular panorama. The integration between the indoors and outdoors allows for an abundance of natural light while protecting the privacy of the residents from the main street. Thanks to the proportions of the house, it was possible to create a promenade in the interior and attractive outdoor landscaping to offer residents the best scenario.

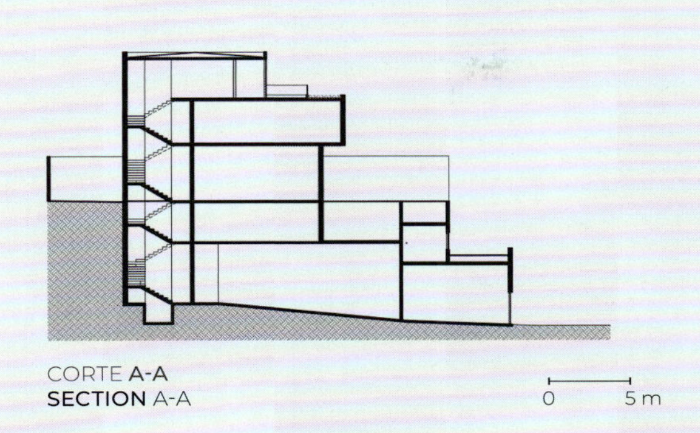

CORTE A-A
SECTION A-A

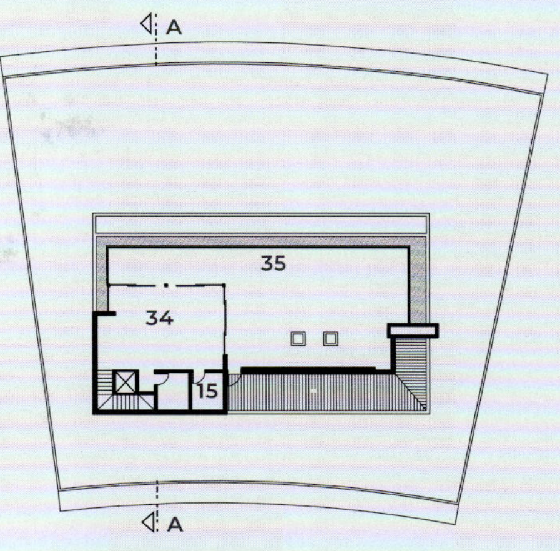

PLANTA **DE COBERTURA**
TOP-FLOOR PLAN

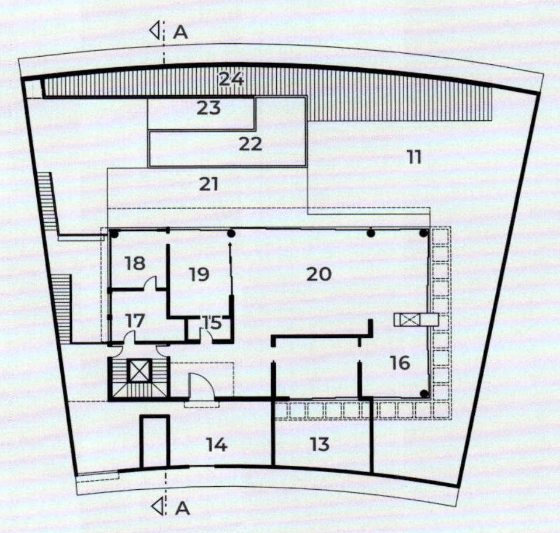

PLANTA **TÉRREA**
GROUND-FLOOR PLAN

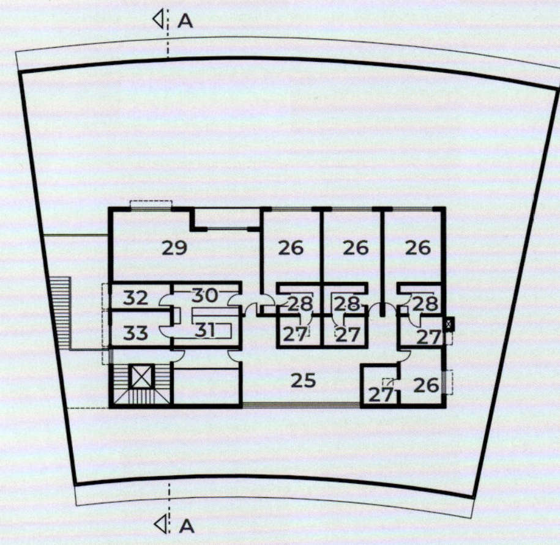

PLANTA **DO ANDAR SUPERIOR**
FIRST-FLOOR PLAN

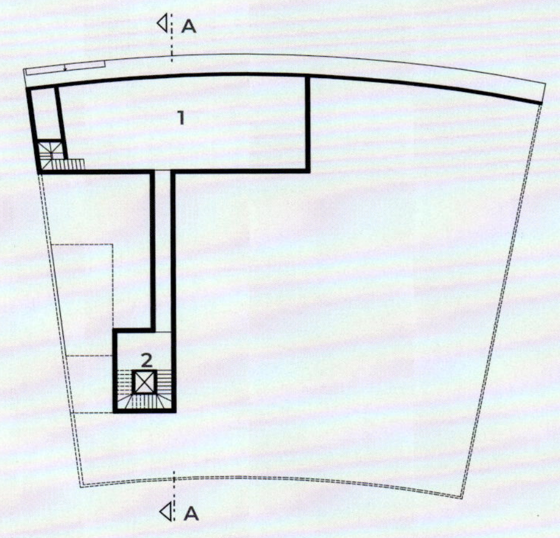

PLANTA **DO 2º SUBSOLO**
LOWER LEVEL 2 FLOOR PLAN

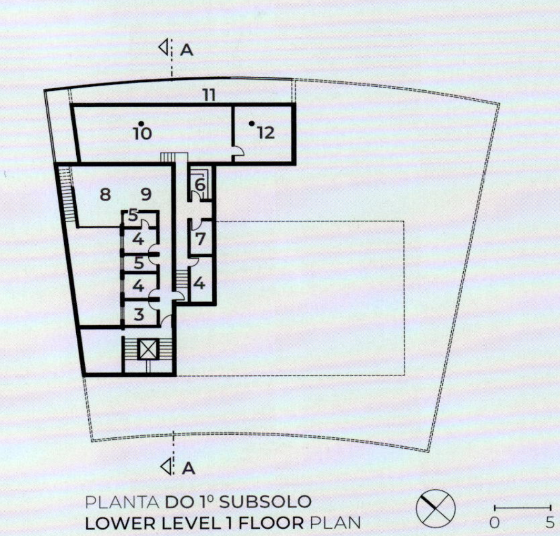

PLANTA **DO 1º SUBSOLO**
LOWER LEVEL 1 FLOOR PLAN

0 5 m

1	Garagem	1	Garage
2	Corredor	2	Hallway
3	Depósito	3	Storage
4	Dormitório de serviço	4	Staff bedroom
5	Banheiro de serviço	5	Staff bathroom
6	Sauna	6	Sauna
7	Sauna banheiro	7	Sauna bathroom
8	Lavanderia	8	Laundry room
9	Sala de jantar de serviço	9	Staff meals area
10	Sala de jogos	10	Games room
11	Jardim	11	Garden
12	Casa de máquinas	12	Machinery room
13	Biblioteca	13	Library
14	Entrada social	14	Main entrance
15	Lavabo	15	Powder room
16	Sala de lareira	16	Fireplace room
17	Cozinha	17	Kitchen
18	Copa	18	Breakfast room
19	Sala de jantar	19	Dining room
20	Sala de estar	20	Living room
21	Terraço	21	Terrace
22	Piscina	22	Swimming pool
23	Espelho d'água	23	Reflecting pool
24	Deck	24	Deck
25	Sala de família	25	Family room
26	Dormitório	26	Bedroom
27	Banheiro	27	Bathroom
28	Closet	28	Closet
29	Suíte master	29	Master bedroom
30	Master closet 1	30	Master closet 1
31	Master closet 2	31	Master closet 2
32	Banheiro master 1	32	Master bathroom 1
33	Banheiro master 2	33	Master bathroom 2
34	Pavilhão de solário	34	Sunroom
35	Living do terraço	35	Outdoor terrace

Vista pátio piscina a partir da sala de estar   View of patio and pool from the living room

Fachada lateral com pérgulas   Side façade with pergolas

Muro verde e pavilhão de solário Green wall and sunroom

Vista interna e externa, sala de estar, sala de jantar, piscina e área gourmet

Internal and external view: living room, dining room, pool, and outdoor dining area

Detalhe área social e piscina   Living room and pool with view of the city

Terraço solário e pavilhão solário   View from terrace and sunroom

Pavilhão solário   View from sunroom

Detalhe fachada posterior   Rear façade at dusk

RUA VICENTE GÓES E ARANHA

Localização **São Paulo, SP**
Uso principal **Moradia**
Imagens **Rômulo Fialdini + João Ribeiro**
Área de construção **819 m²**
Área do terreno **1.095 m²**

Essa casa de 819 m², localizada em terreno em declive, possibilitou que o projeto visasse o aproveitamento do total do lote, permitindo que se criasse uma área social totalmente aberta ao jardim, mas preservando a intimidade dos moradores. Com pé direito duplo, a casa possui uma ampla fachada de vidro, que traz a natureza para seu interior; a visão dos que se encontram na casa se assemelha a um quadro, a uma paisagem, há uma inter-relação entre jardim e arquitetura. Na área social, o projeto previu uma parede estrutural para que o proprietário instalasse um carro de Fórmula 1, o que muito contribuiu para personalizar o design interior da residência. No andar superior encontra-se a área íntima, e aqui a interligação com a natureza é garantida por um amplo terraço que permite a visualização do belíssimo paisagismo.

Location São Paulo, SP
Principal use Housing
Images Rômulo Fialdini + João Ribeiro
Construction area 819 m²
Site area 1,095 m²

Located on a downhill slope, the design for this home allowed for a project that covered the entire lot, with a social area fully open to the garden without compromising people's privacy. This house brings nature to the interior, with its double-height ceiling and a large glass façade. The views of the inhabitants within the house resemble a painting, a landscape, with an interrelationship between garden and architecture. In the social area, the project included a structural wall for the homeowner to showcase a Formula 1 race car and afforded a personal touch to the interior design. On the first floor, the private area interconnects with nature in the form of a large terrace overlooking the beautiful landscaped garden.

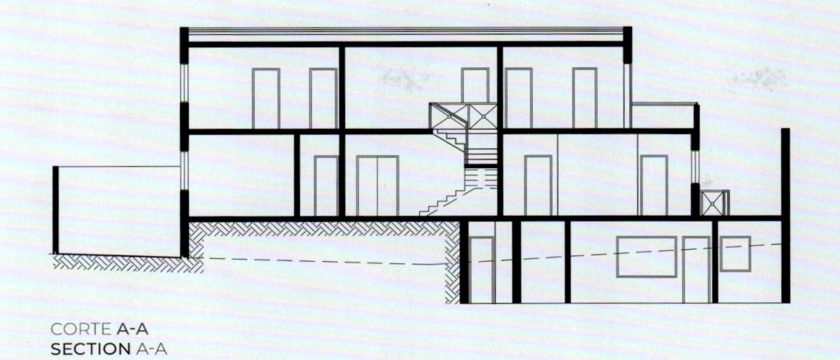

CORTE **A-A**
SECTION A-A

PLANTA **DO ANDAR SUPERIOR**
FIRST-FLOOR PLAN

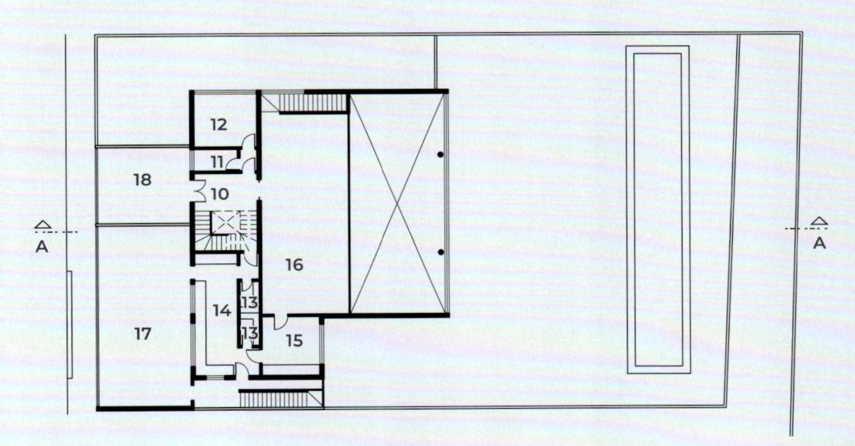

PLANTA **TÉRREA**
GROUND-FLOOR PLAN

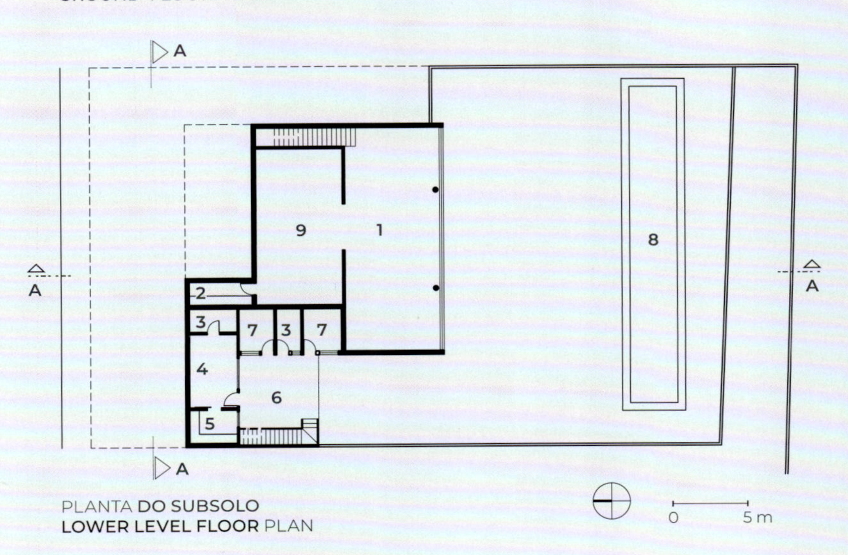

PLANTA **DO SUBSOLO**
LOWER LEVEL FLOOR PLAN

1 Sala de estar principal
2 Adega
3 Banheiro de serviço
4 Sala de serviço
5 Sala de jantar de serviço
6 Lavanderia
7 Dormitório de serviço
8 Piscina
9 Sala de jogos
10 Hall
11 Lavabo
12 Escritório
13 Despensa
14 Cozinha
15 Copa
16 Mezanino sala de estar e sala de jantar
17 Garagem
18 Entrada social
19 Sala de família
20 Dormitório
21 Banheiro
22 Closet
23 Suíte master
24 Terraço
25 Closet Sra.
26 Banheiro Sra.
27 Closet Sr.
28 Banheiro Sr.

1 Main living room
2 Wine cellar
3 Staff bathroom
4 Staff room
5 Staff meals room
6 Laundry room
7 Staff bedroom
8 Swimming pool
9 Games room
10 Hall
11 Powder room
12 Office
13 Pantry
14 Kitchen
15 Breakfast room
16 Mezzanine living room and dining room
17 Garage
18 Main entrance
19 Family room
20 Bedroom
21 Bathroom
22 Closet
23 Master bedroom
24 Terrace
25 Her closet
26 Her bathroom
27 His closet
28 His bathroom

Fachada posterior e vista do pátio piscina   View of rear façade and swimming pool patio

Detalhe de fachada posterior   Detail of rear façade

Sala de jantar mezanino Mezzanine dining room

Sala de estar principal   Main living room

Sala de estar mezanino   Mezzanine living room

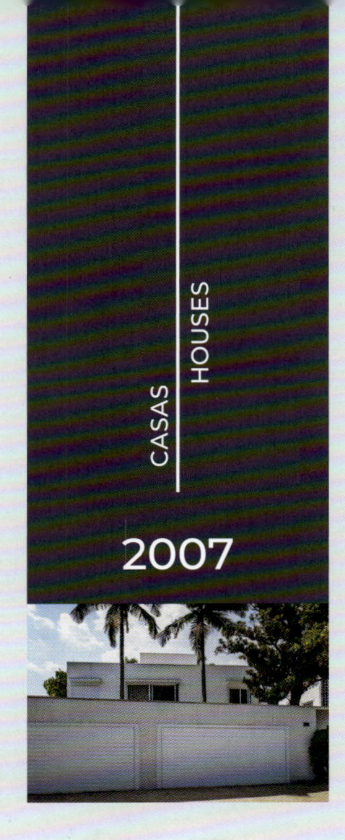

RUA INGLATERRA

Localização **São Paulo, SP**
Uso principal **Moradia**
Imagens **João Ribeiro**
Área de construção **728 m²**
Área do terreno **758 m²**
Arquitetura de interiores **Ugo di Pace e Maria di Pace**

Situada em um bairro nobre da cidade, a casa de 728 m² preserva a privacidade dos moradores e evita o barulho proveniente do intenso trânsito local, graças ao projeto que voltou a área social ao jardim e à piscina, que se encontram ao fundo do terreno. A área de serviço localiza-se na frente do imóvel e a área íntima ocupa todo o andar superior, atendendo a demanda do cliente. As áreas social e de lazer, em forma de L, são margeadas pelo agradável jardim, fazendo com que a integração entre o ambiente interno e o externo constituam um conjunto harmonioso, o que aumenta visualmente o espaço da residência: complexidade e simplicidade, transparência e opacidade, uma perfeita integração do interior ao exterior.

Location São Paulo, SP
Principal use Housing
Images João Ribeiro
Construction area 728 m²
Site area 758 m²
Interior design Ugo di Pace and Maria di Pace

Located in an upscale neighborhood, this home protects the privacy of the family and blocks the noise from the heavy local traffic by placing the social area at the back of the property facing the garden and swimming pool. The service area is at the front and the private space occupies the top floor, according to customer requirements. The L-shaped social and leisure area seamlessly joins the indoor and outdoor spaces, creating a harmonious unit that visually increases the space inside the residence. Complexity and simplicity combine with transparency and opacity to form a perfect combination.

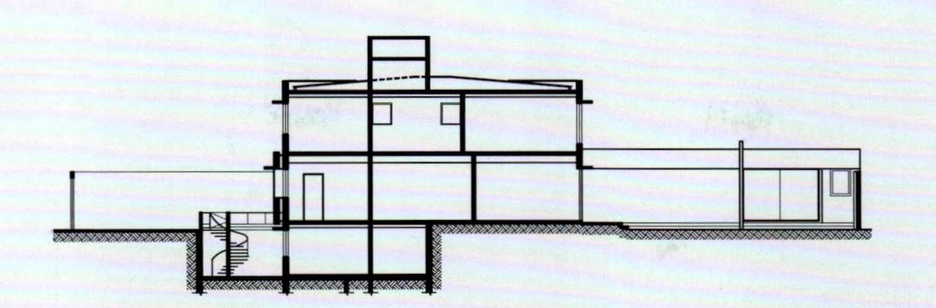

CORTE **A-A**
SECTION A-A

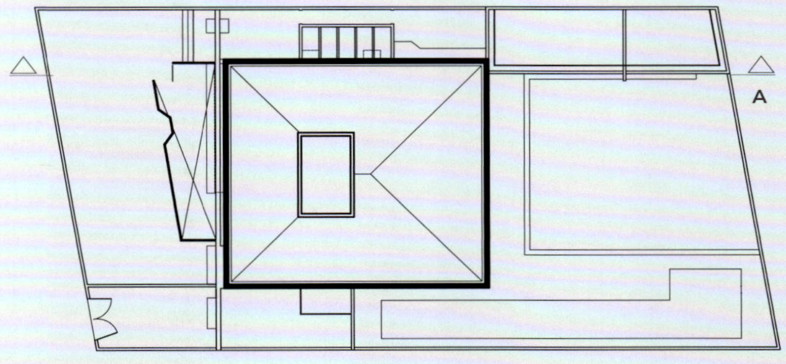

PLANTA **DE COBERTURA**
TOP-FLOOR PLAN

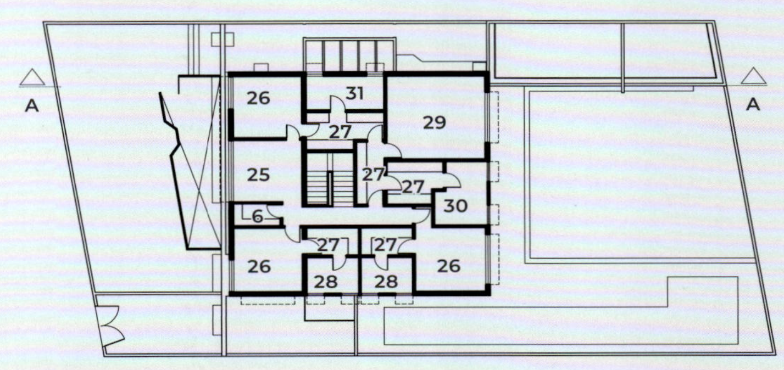

PLANTA **DO ANDAR SUPERIOR**
FIRST-FLOOR PLAN

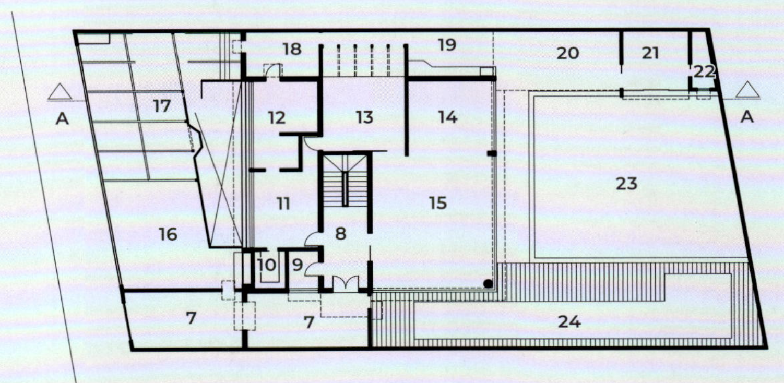

PLANTA **TÉRREA**
GROUND-FLOOR PLAN

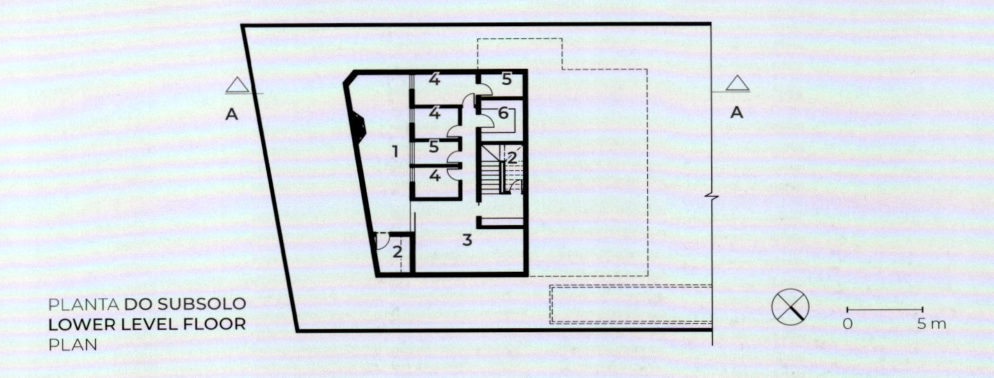

PLANTA **DO SUBSOLO**
LOWER LEVEL FLOOR
PLAN

1 Pátio de serviço
2 Depósito
3 Lavanderia
4 Dormitório de serviço
5 Banheiro de serviço
6 Rouparia
7 Entrada social
8 Hall
9 Lavabo
10 Despensa
11 Copa
12 Cozinha
13 Sala de jantar
14 Home theater
15 Sala de estar
16 Garagem descoberta
17 Garagem coberta
18 Entrada de serviço
19 Cozinha gourmet
20 Pavilhão
21 Academia
22 Banho piscina
23 Jardim
24 Piscina
25 Sala de família
26 Dormitório
27 Closet
28 Banheiro
29 Suíte master
30 Banheiro Sra.
31 Banheiro Sr.

1 Staff patio
2 Storage
3 Laundry
4 Staff bedroom
5 Staff bathroom
6 Linen room
7 Main entrance
8 Hall
9 Powder room
10 Pantry
11 Breakfast room
12 Kitchen
13 Dining room
14 Home theater
15 Living room
16 Carport
17 Garage
18 Staff entrance
19 Entertainer's kitchen
20 Pavilion
21 Gym
22 Swimming pool bathroom
23 Garden
24 Swimming pool
25 Family room
26 Bedroom
27 Closet
28 Bathroom
29 Master bedroom
30 Her bathroom
31 His bathroom

Sala de estar   Living room

Pavilhão com conjunto gourmet.   Al fresco dining area

Vista externa da sala de estar, jardim e pavilhão External view of living room, garden, and pavilion

Vista completa dos ambientes sociais View of the social area

AVENIDA FLORESTA

Localização **Goiânia, GO**
Uso principal **Moradia**
Imagens **João Ribeiro**
Área de construção **1.200 m²**
Área do terreno **6.000 m²**

A casa de 1.200 m² em terreno de 6.000 m² situa-se dentro de um condomínio, um parque ecológico preservado, que mesmo depois de habitado abriga animais silvestres soltos na área. O projeto se aproveitou da topografia e localização privilegiada do terreno, que possibilitaram que o imóvel fosse construído em região elevada, o que garantiu aos moradores privacidade e uma belíssima visão da paisagem. A residência em forma de U é composta por três zonas bem delimitadas: a ala intima—localizada ao fundo do terreno, ala social, que fica frente ao jardim e à piscina, e é margeada por um grande espelho d'água, e a ala de hóspedes e serviço, que se constitui em ponto de ligação entre as alas social e íntima.

Location Goiânia, GO
Principal use Housing
Images João Ribeiro
Construction area 1,200 m²
Site area 6,000 m²

This house is located in a gated community within a preserved nature park that, despite the residents, still hosts wild animals. The project observed the topography and privileged location of the terrain, and the property was built on high ground to ensure privacy and a privileged view of the beautiful landscape. The U-shaped home consists of three well-defined areas: the private wing at the back, the social wing facing the garden, with a swimming pool surrounded by a pond, and the guest and staff wing, which is the point of connection between the social and private wings.

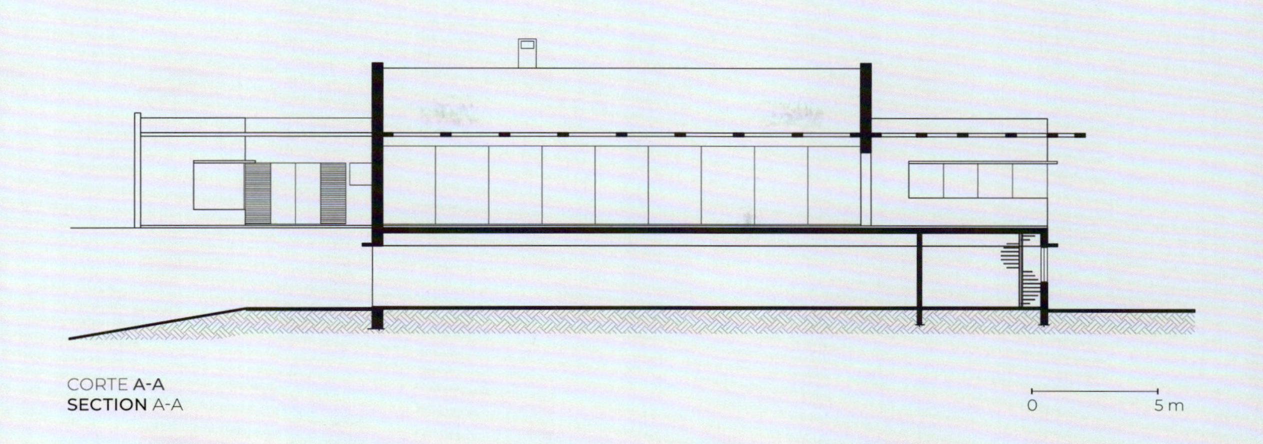

CORTE **A-A**
SECTION A-A

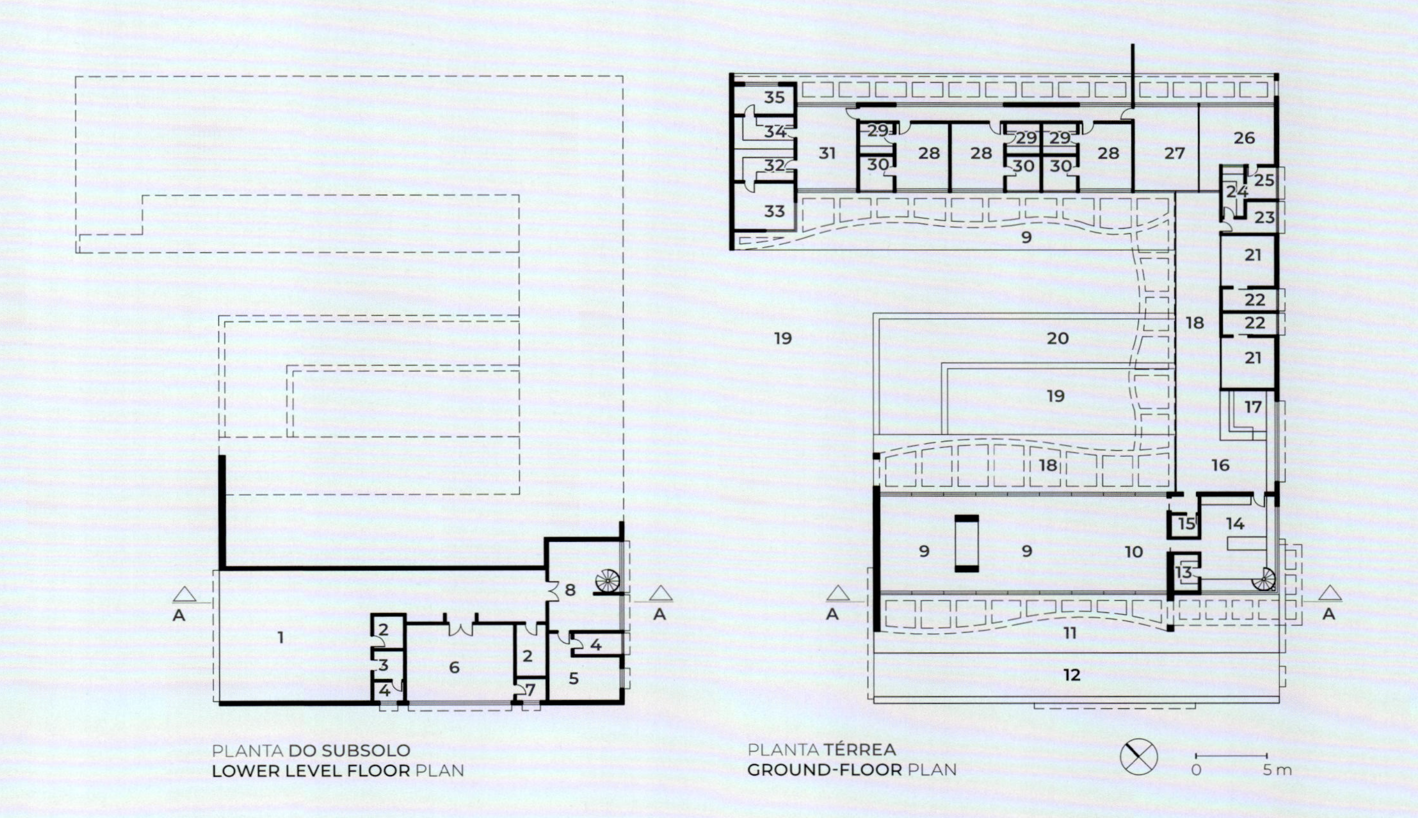

PLANTA **DO SUBSOLO**
LOWER LEVEL FLOOR PLAN

PLANTA **TÉRREA**
GROUND-FLOOR PLAN

1	Garagem	19	Jardim
2	Depósito	20	Piscina
3	Vestiário	21	Dormitório de hóspedes
4	Banheiro de serviço	22	Banheiro
5	Dormitório de serviço	23	Banheiro
6	Sala de jogos	24	Sauna
7	Banheiro	25	Banheiro de serviço
8	Lavanderia	26	Academia
9	Sala de estar	27	Home theater
10	Sala de jantar	28	Dormitório
11	Varanda	29	Closet
12	Espelho de água	30	Banheiro
13	Despensa	31	Suíte master
14	Cozinha	32	Closet Sra.
15	Lavabo	33	Banheiro Sra.
16	Copa	34	Closet Sr.
17	Cozinha gourmet	35	Banheiro Sr.
18	Pátio		

1	Garage	19	Garden
2	Storage	20	Swimming pool
3	Changing room	21	Guest bedroom
4	Staff bathroom	22	Bathroom
5	Staff bedroom	23	Bathroom
6	Games room	24	Sauna
7	Staff bathroom	25	Bathroom
8	Laundry room	26	Gym
9	Living room	27	Home theater
10	Dining room	28	Bedroom
11	Veranda	29	Closet
12	Reflecting pool	30	Bathroom
13	Pantry	31	Master bedroom
14	Kitchen	32	Her closet
15	Powder room	33	Her bathroom
16	Breakfast room	34	His closet
17	Entertainer's kitchen	35	His bathroom
18	Patio		

Vista da fachada frontal   View of the front façade

Pátio interno com piscina e sala de estar   Internal patio with pool and living room

Pátio piscina com sala de estar à esquerda e dormitórios à direita

Pool patio with living room to the left and bedrooms to the right

Pátio piscina vista a partir da área dos dormitórios

Pool patio seen from the bedroom area

Detalhe do pátio interno e área social ao fundo

Internal patio detail with living room in the background

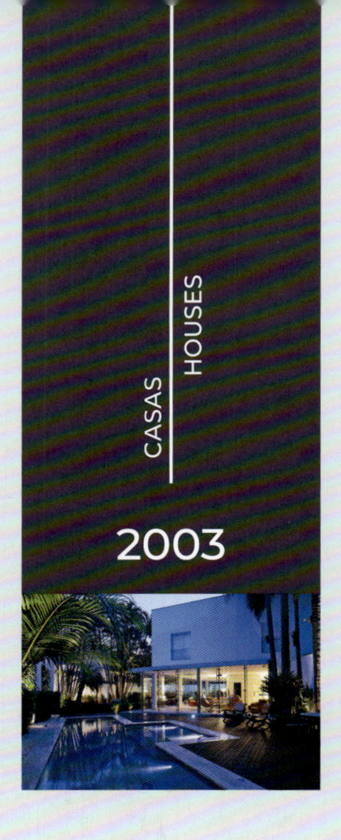

RUA GUATEMALA

Localização **São Paulo, SP**
Uso principal **Moradia**
Imagens **Rômulo Fialdini**
Área de construção **715 m²**
Área do terreno **1.000 m²**

O projeto foi desenvolvido para um terreno no qual já havia uma casa, que embora confortável, onde era dividida em pequenos ambientes, pouca aberta ao exterior, sem paisagismo adequado e atraente. A inspiração para esta proposta foi a de se retornar às referências originais do bairro, onde os imóveis eram rodeados por jardins e janelas que traziam luz para seu interior. O bairro Jardim América, onde se situa a Rua Guatemala, foi implantado na cidade de São Paulo na primeira metade do século XX e concebido por uma empresa inglesa, a Companhia City, como ficou conhecida, que além do Jardim América também urbanizou vários outros bairros na cidade, como City Butantã, Alto de Pinheiros e Pacaembu e inspirou a urbanização do bairro Cidade Jardim, considerado um dos mais elegantes de São Paulo. A fim de adequar esta casa a novos padrões, as paredes de alvenaria foram transformadas em panos de vidro com estrutura em aço, criando a transparência necessária para que a iluminação natural interna fosse abundante. As fronteiras da casa foram transferidas para os limites do terreno, ampliando a sensação de espaço; um novo paisagismo recuperou o conceito original de jardim inglês.

Location São Paulo, SP
Principal use Housing
Images Rômulo Fialdini
Construction area 715 m²
Site area 1,000 m²

This site already had a house that, although comfortable, was split into small rooms with no openings to the outside and it had unappealing and inappropriate landscaping. The inspiration behind this project was to return to the original references of the neighborhood, when the properties were surrounded by gardens and the windows allowed the sunlight to flood into the home. The neighborhood, Jardim América, where Rua Guatemala is located, was established in the city of São Paulo in the first half of the twentieth century and designed by a British company, the City of São Paulo Improvements and Freehold Land Company Limited, or City Company, as it was later known. This company also urbanized several other neighborhoods in the city, such as the City Butantã, Alto de Pinheiros, and Pacaembu, and inspired the urbanization of the Cidade Jardim, considered one of the most elegant neighborhoods in São Paulo. To adapt the home to the new standards, the masonry walls were transformed into steel-framed glass panels, creating the transparency needed to ensure abundant natural lighting. The boundaries of the house were transferred to the limits of the plot, extending the sense of space. A new landscaping project sought to return to the original English garden concept.

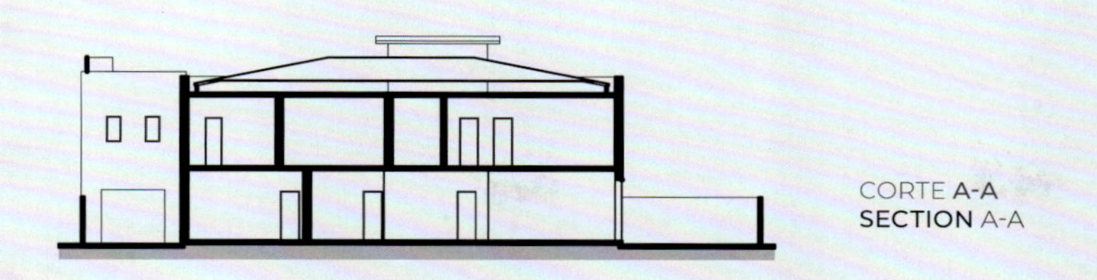

CORTE **A-A**
SECTION A-A

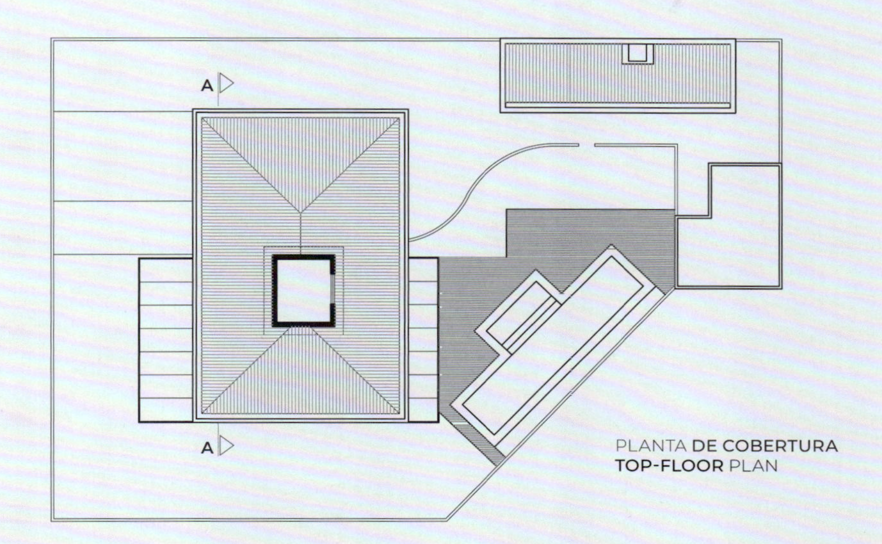

PLANTA **DE COBERTURA**
TOP-FLOOR PLAN

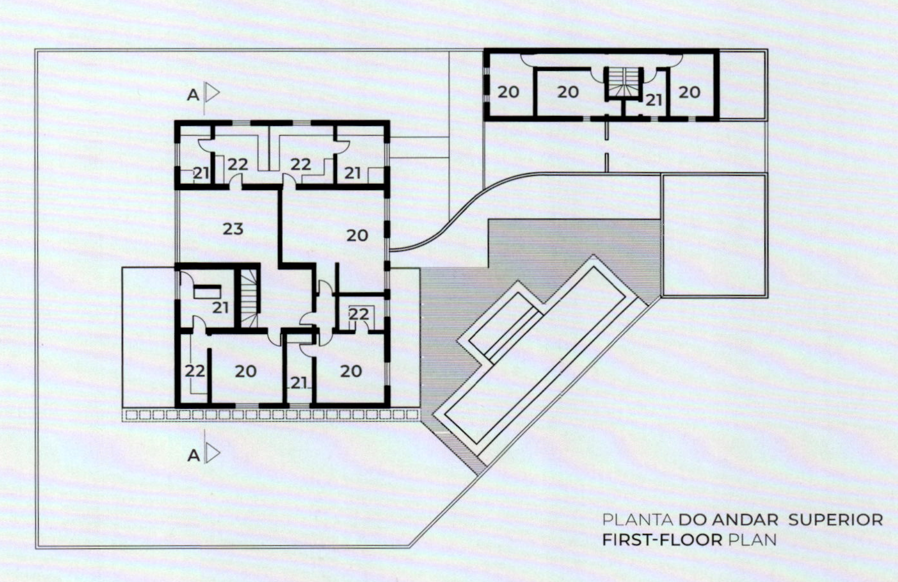

PLANTA **DO ANDAR SUPERIOR**
FIRST-FLOOR PLAN

1 Jardim
2 Sala de jantar
3 Sala de almoço
4 Copa
5 Cozinha
6 Despensa
7 Sala de estar
8 Home theater
9 Bar
10 Galeria
11 Lavabo
12 Hall de escada
13 Garagem
14 Depósito
15 Lavanderia
16 Spa
17 Vestiário
18 Academia
19 Piscina
20 Dormitório
21 Banheiro
22 Closet
23 Sala de família

1 Garden
2 Dining room
3 Lunch room
4 Breakfast room
5 Kitchen
6 Pantry
7 Living room
8 Home theater
9 Bar
10 Foyer
11 Powder room
12 Staircase hall
13 Garage
14 Storage
15 Laundry room
16 Spa
17 Changing room
18 Gym
19 Swimming pool
20 Bedroom
21 Bathroom
22 Closet
23 Family room

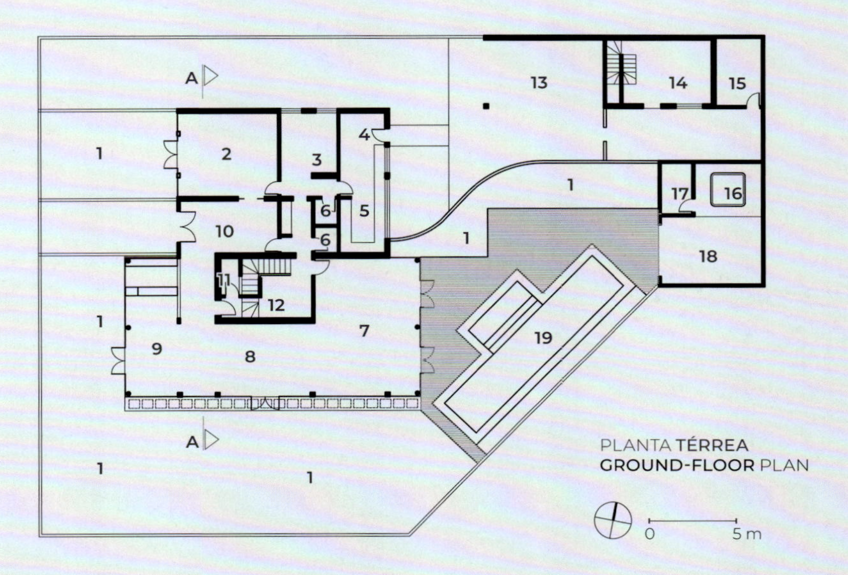

PLANTA **TÉRREA**
GROUND-FLOOR PLAN

Detalhe do living bar   Detail of bar

Detalhe da sala de estar

Living room

Vista da fachada a partir da piscina   View of rear façade from the pool

Detalhe da sala de jantar Dining room

Vista da fachada principal View of main façade

Vista da sala de estar e home theater View of living room and home theater

RUA MARGARIDA GALVÃO

Localização **São Paulo, SP**
Uso principal **Moradia**
Imagens **Rômulo Fialdini**
Área de construção **795 m²**
Área do terreno **685 m²**

A casa de 785 m², projetada para um terreno de 685 m², interliga o espaço interno ao externo por meio do jardim que também compõe a área social: assim se obteve a mediação entre o transparente e o opaco. O limite da casa são os muros de divisa. Os quartos e a área social privilegiam a vista para ambientes abertos, ampliando a sensação de espaço mesmo ante as limitações impostas pelo terreno. O proprietário, um renomado *restaurateur*, fez questão de privilegiar a área da cozinha e da churrasqueira localizadas na área externa da casa.

Location São Paulo, SP
Principal use Housing
Images Rômulo Fialdini
Construction area 795 m²
Site area 685 m²

Seeking to make the most of the limits of the site area, this home connects the outdoors and indoors through a garden, which is also the social area, ensuring mediation between the transparent and the opaque. The limits of the house are the dividing walls, while the rooms and social area provide a view of the open areas, expanding the sense of space even with the limitations of the plot. The owner, a renowned restaurateur, requested a project that highlighted the kitchen and barbecue areas in the external space of the house.

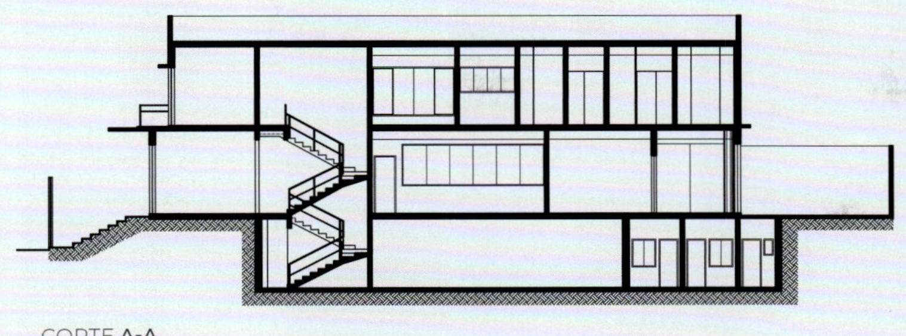

CORTE **A-A**
SECTION A-A

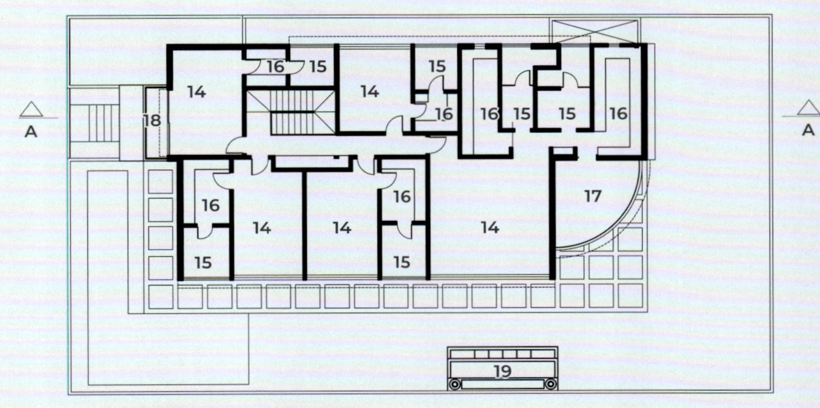

PLANTA **DO ANDAR SUPERIOR**
FIRST-FLOOR PLAN

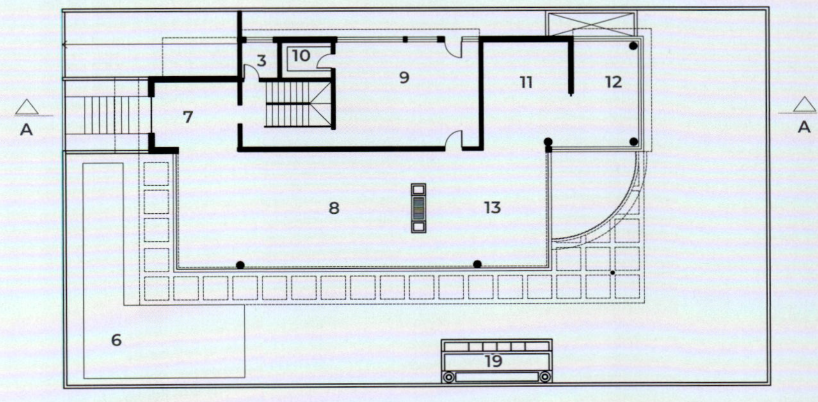

PLANTA **TÉRREA**
GROUND-FLOOR PLAN

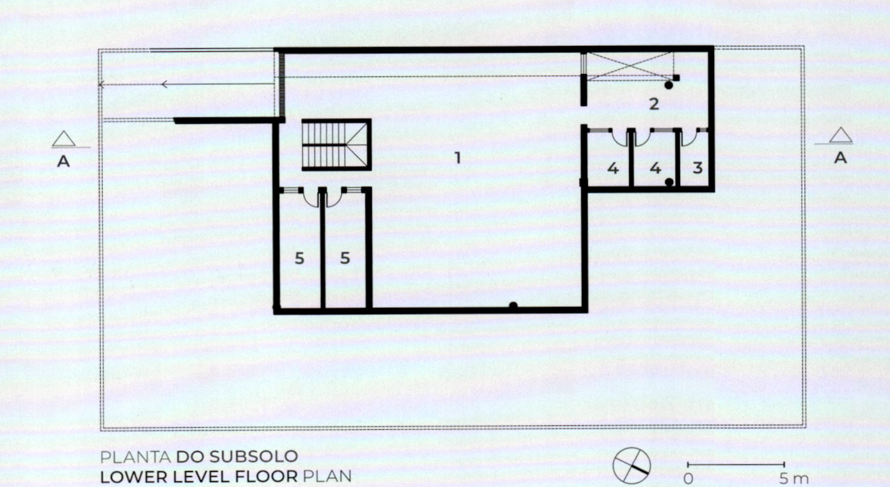

PLANTA **DO SUBSOLO**
LOWER LEVEL FLOOR PLAN

1 Garagem
2 Lavanderia
3 Banheiro de serviço
4 Quarto de serviço
5 Depósito
6 Piscina
7 Hall
8 Sala de estar
9 Cozinha / copa
10 Despensa
11 Home theater
12 Academia
13 Sala de jantar
14 Dormitório
15 Banheiro
16 Closet
17 Escritório
18 Terraço
19 Fonte

1 Garage
2 Laundry room
3 Staff bathroom
4 Staff bedroom
5 Storage
6 Swimming pool
7 Foyer
8 Living room
9 Kitchen / breakfast room
10 Pantry
11 Home theater
12 Gym
13 Dining room
14 Bedroom
15 Bathroom
16 Closet
17 Office
18 Balcony
19 Fountain

Vista da fachada a partir do jardim View of rear façade from the garden

Sala de estar   Living room

Cozinha gourmet   Entertainer's kitchen

Área externa da cozinha gourmet   Outdoor al fresco dining area

Escritório do dormitório de casal   Personal office in the master suite

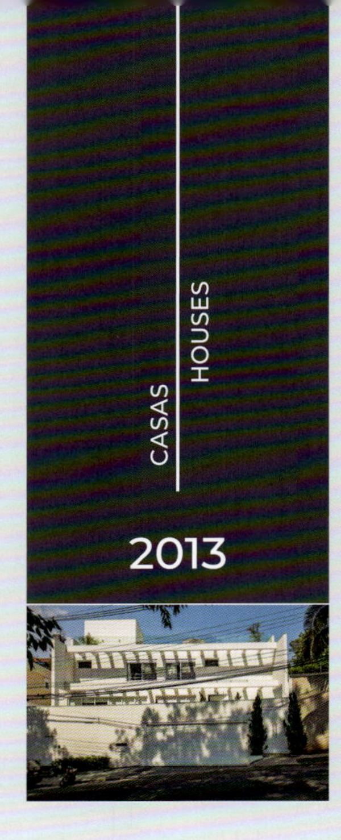

PRAÇA VINÍCIUS DE MORAIS

Localização **São Paulo, SP**
Uso principal **Moradia**
Imagens **Rômulo Fialdini**
Área de construção **1.029 m²**
Área do terreno **930 m²**

A casa com 1.029 m² é construída em terreno em aclive, em frente a uma belíssima praça e vizinha ao Palácio de Governo do Estado de São Paulo. A área social e a área dos quartos se localizam ao fundo do lote, de maneira a se garantir a intimidade de seus moradores. O teto terraço amplia o horizonte visto da casa e simultaneamente descortina uma esplêndida visão para praça localizada em frente ao imóvel. No térreo, a piscina e um pavilhão cercados por um belo jardim compõem a ampla área de lazer: fechado e aberto, separado e conectado, luz e sombra, tudo se faz presente.

Location São Paulo, SP
Principal use Housing
Images Rômulo Fialdini
Construction are a 1,029 m²
Site area 930 m²

This large house is built on a sloped plot right next door to the Palace of Government of the State of São Paulo. The social area and rooms are at the back of the plot to protect the privacy of the residents. The roof terrace extends the horizon seen from the house and simultaneously provides a splendid view of the beautiful square in front of the property. On the ground floor, the pool and a pavilion surrounded by a lovely garden create an ample recreation area: closed and open, separated and connected, light and shadow, everything is present.

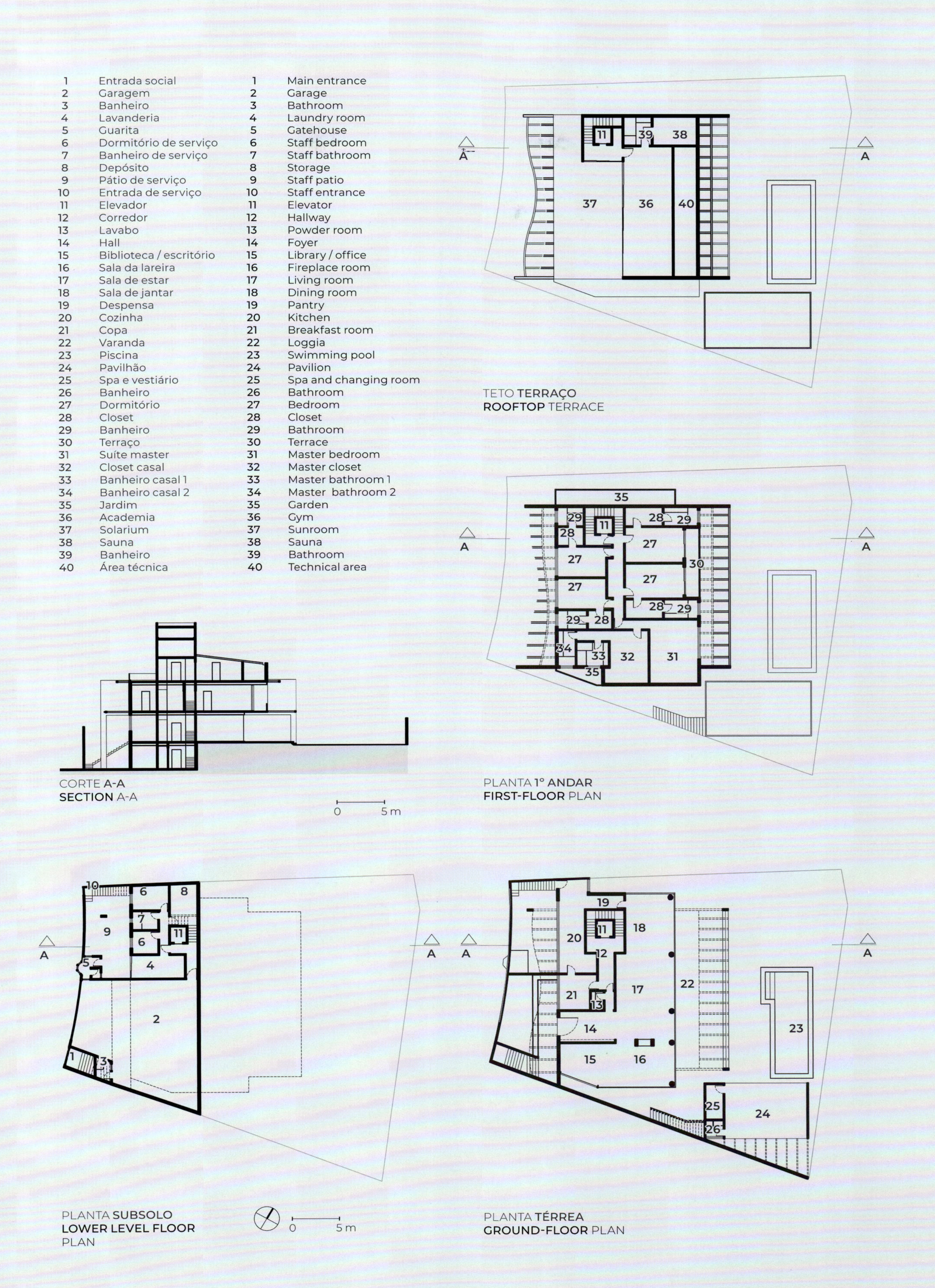

TETO TERRAÇO
ROOFTOP TERRACE

CORTE A-A
SECTION A-A

PLANTA 1° ANDAR
FIRST-FLOOR PLAN

PLANTA SUBSOLO
LOWER LEVEL FLOOR PLAN

PLANTA TÉRREA
GROUND-FLOOR PLAN

LOVE

Vista da área social   View of living room and the swimming pool

Varanda e sala de estar Loggia and living room

Sala da lareira Fireplace room

Vista da varanda View of loggia

Detalhe da fachada Rear façade detail

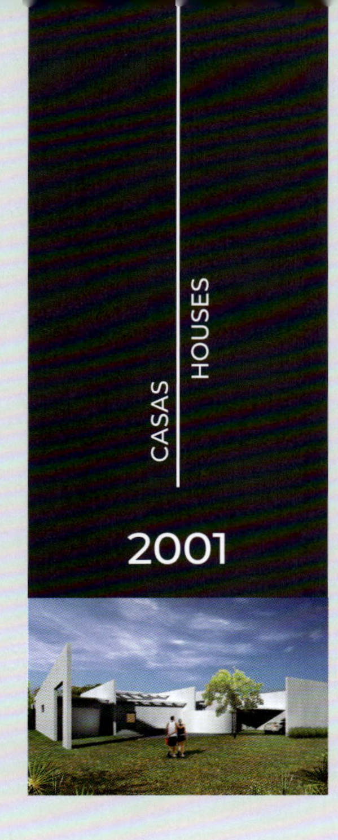

TEL AVIV, ISRAEL

Localização **Tel Aviv, Israel**
Uso principal **Moradia**
Imagens **Rômulo Fialdini**
Área de construção **782 m²**
Área do terreno **16.000 m²**

O projeto desenvolvido para um terreno de 400 metros de comprimento se preocupou em proporcionar aos moradores uma sensação de liberdade, quer pela integração do ambiente interno ao externo, quer pela área livre conferida ao imóvel, e ainda pela visão do jardim que invade a propriedade. A casa de 782 m² de área construída é térrea, embora possua um mezanino na área social e outros em menores dimensões na área dos quartos. Com transparência suficiente para a entrada de luz natural, o imóvel, com pé direito em diferentes dimensões, trata todo o espaço como uma continua sucessão de ambientes, induzindo os moradores a usufruir de uma residência sem definições e limites para seus diversos espaços.

Location Tel Aviv, Israel
Principal use Housing
Images Rômulo Fialdini
Construction area 782 m²
Site area 16,000 m²

The project, designed for a 400-meter-long plot, aims to give residents a feeling of freedom by integrating the indoor and outdoor areas and by providing a free space and a view of the garden that surrounds the property. The home, with 782 m² of built-up area, has a mezzanine in the social area and smaller mezzanines in the bedroom area. With different ceiling heights and enough transparency to allow abundant natural light, the entire space is a continuous succession of rooms and spaces for the residents to enjoy without definitions or limits.

CORTE A-A
SECTION A-A

PLANTA DO ANDAR SUPERIOR
FIRST-FLOOR PLAN

PLANTA TÉRREA
GROUND-FLOOR PLAN

PLANTA DO PORÃO
BASEMENT PLAN

1 Sala de estar
2 Sauna
3 Dormitório
4 Banheiro
5 Hall
6 Garagem
7 Jardim
8 Closet
9 Cozinha
10 Pátio
11 Lavanderia
12 Despensa
13 Escritório
14 Home theater
15 Sala de jantar
16 Pavilhão
17 Piscina
18 Mezanino

1 Living room
2 Sauna
3 Bedroom
4 Bathroom
5 Hall
6 Garage
7 Garden
8 Closet
9 Kitchen
10 Patio
11 Laundry room
12 Pantry
13 Office
14 Home theater
15 Dining room
16 Pavilion
17 Swimming pool
18 Mezzanine

Fachada frontal   Front façade

Fachada posterior e pátio piscina   Rear façade and pool patio

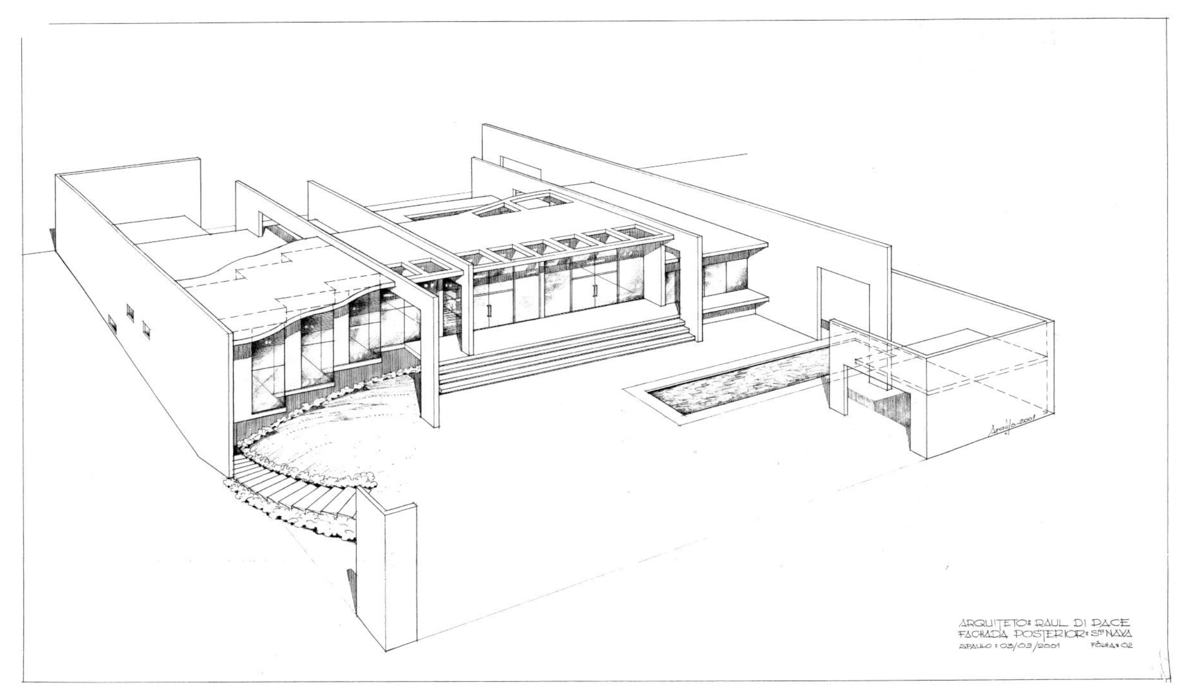

Vista aérea do jardim e fachada posterior   Aerial view of the garden and rear façade

Fachada posterior e piscina, vistas do pavilhão   Rear façade and pool view from the pavilion

Vista da casa a partir do jardim   View of house from the garden

RUA OSCAR AMERICANO

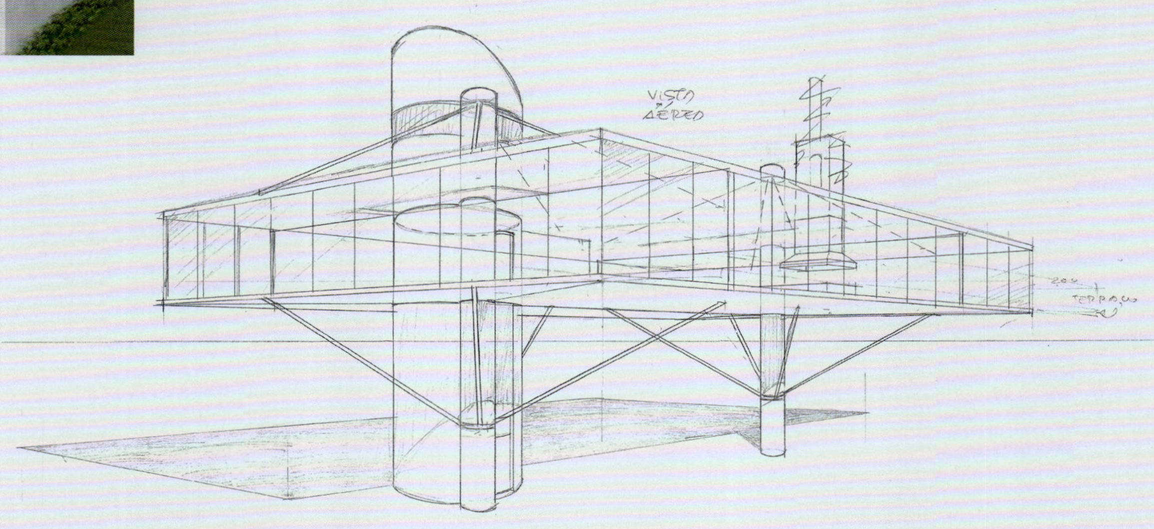

Localização **São Paulo, SP**
Uso principal **Moradia**
Imagens **João Araújo + AL.MA Estúdio**
Área de construção **1.029 m²**
Área do terreno **836 m²**

O projeto se desenvolve sobre duas colunas e quatro cabos de aço: parte da casa é suspensa, e parte situa-se no subsolo do terreno com forte aclive. A casa de 1.029 m² comporta 2 pavimentos no subsolo: um destina-se à garagem, o outro a uma sala multiuso e área de serviço; o andar suspenso abriga a área social e área intima. O jardim da casa situa-se no andar intermediário, um vão totalmente livre. O projeto proporciona aos moradores uma vista espetacular da cidade.

Location São Paulo, SP
Principal use Housing
Images João Araújo + AL.MA Estúdio
Construction area 1,029 m²
Site area 836 m²

The project is based on two columns and four steel cables. Part of the house therefore is suspended and part sits in the subsoil of the deeply sloped plot. The house has two underground floors, one for the garage and another that serves as a multipurpose room and laundry area. The suspended floor houses the social and private areas. The garden sits on an intermediate floor, a totally free and cleared space. The finished home will provide residents with a spectacular view of the city.

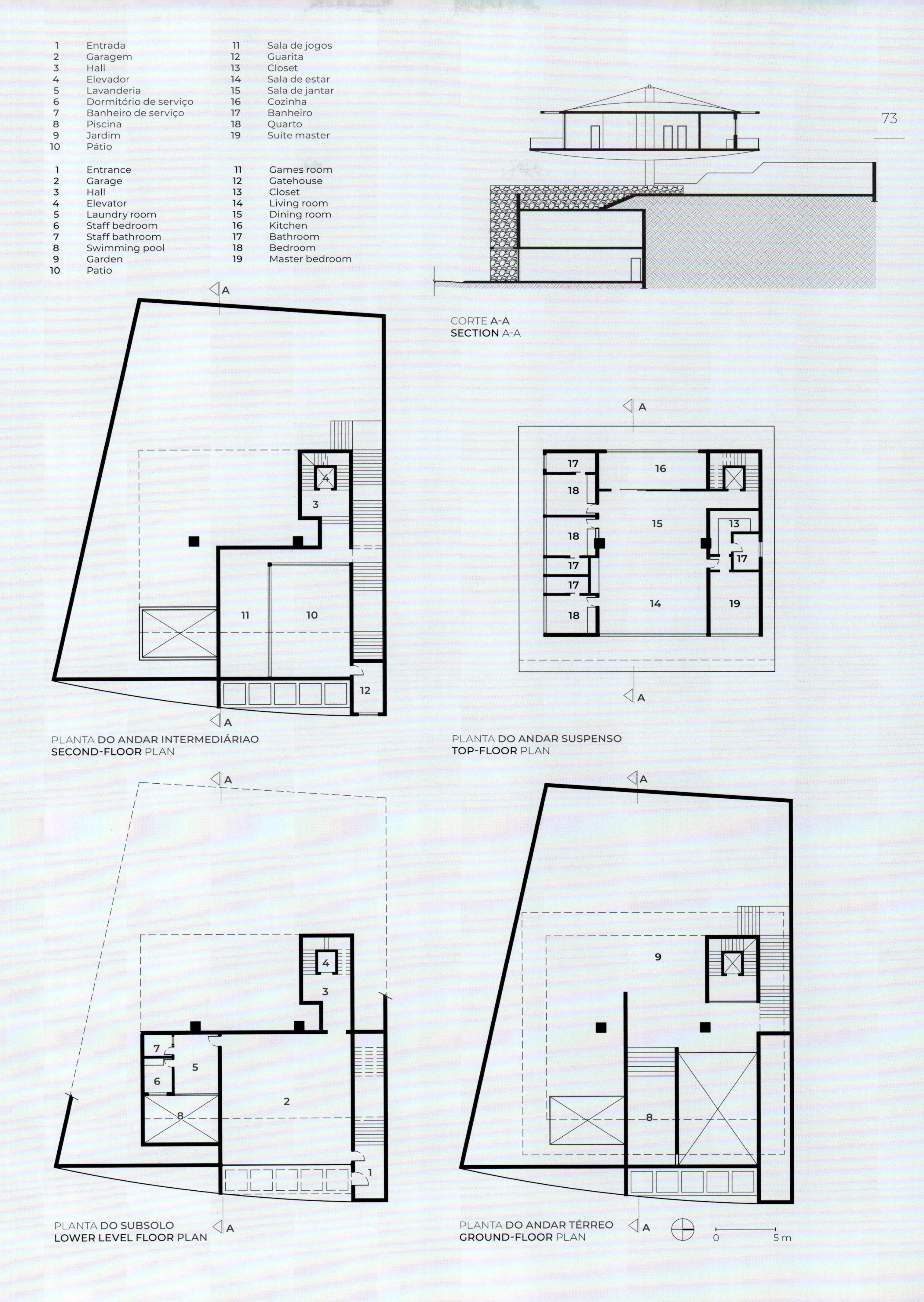

CORTE A-A
SECTION A-A

PLANTA **DO ANDAR INTERMEDIÁRIAO**
SECOND-FLOOR PLAN

PLANTA **DO ANDAR SUSPENSO**
TOP-FLOOR PLAN

PLANTA **DO SUBSOLO**
LOWER LEVEL FLOOR PLAN

PLANTA **DO ANDAR TÉRREO**
GROUND-FLOOR PLAN

Vista do jardim do térreo e pavimento superior View from the garden

Vista lateral da casa   View of house from the side

Vista frontal da piscina e jardim do térreo   Front view from garden and pool

Vista lateral direita   Right side view

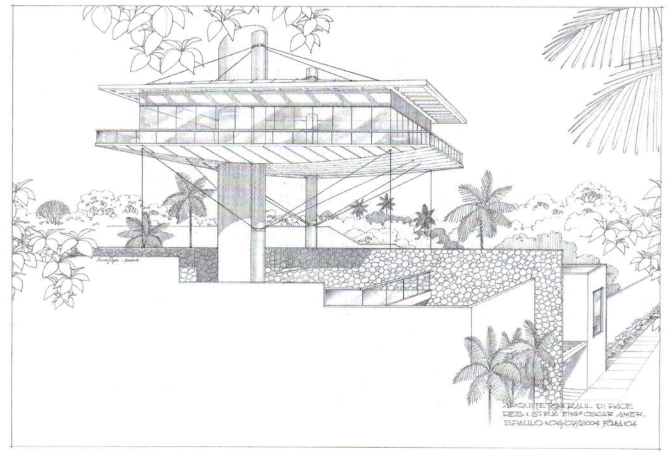

Vista lateral esquerda   Left side view

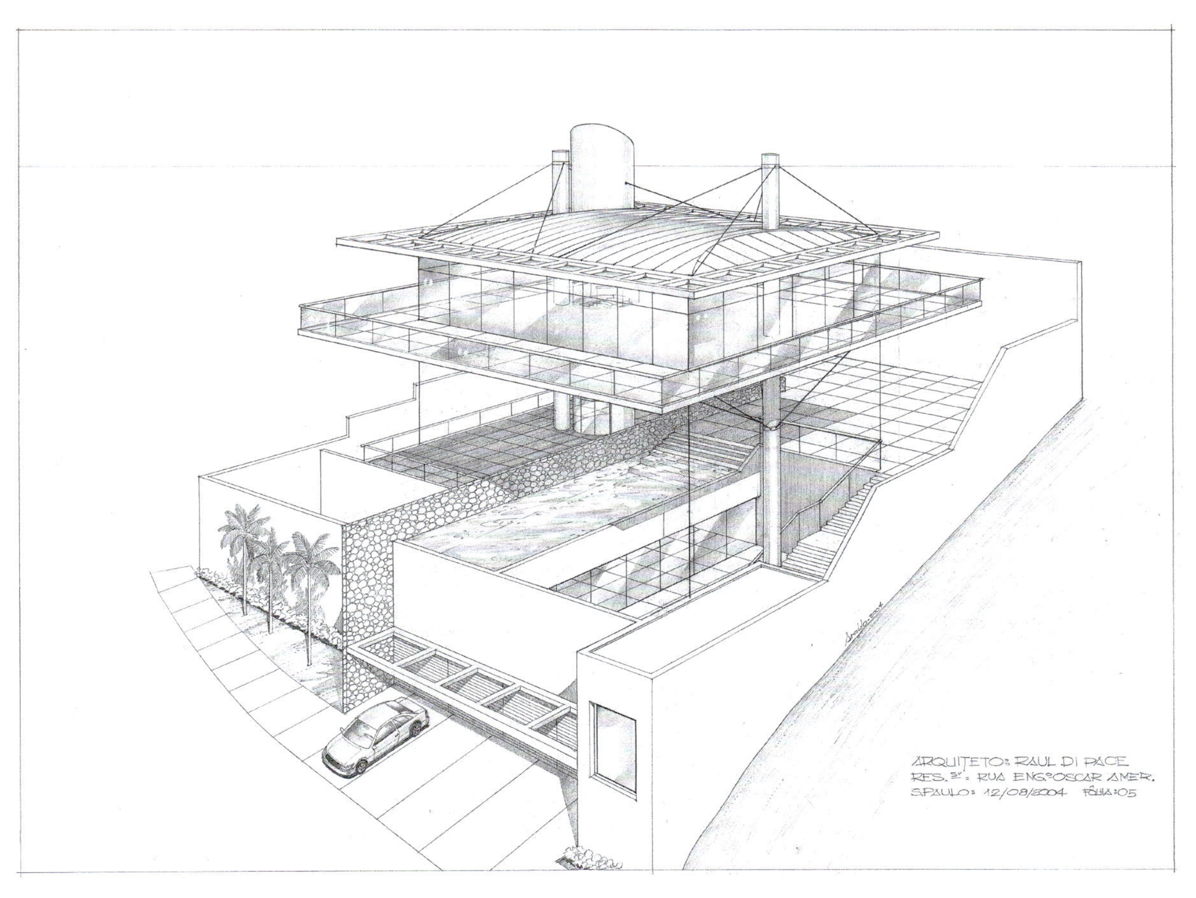

Vista lateral da residência Sketch of residence

Vista lateral da residência Side view of residence

RUA ANTÔNIO BAPTISTA PEREIRA

Localização **São Paulo, SP**
Uso principal **Moradia**
Imagens **João Araújo + AL.MA Estúdio**
Área de construção **292 m^2**
Área do terreno **390 m^2**

O projeto para a casa de 292 m^2 contempla em seu pavimento térreo a área social, constituída como um ambiente único; no andar superior, os dormitórios, e na cobertura, um dos fundamentos contidos no trabalho de Le Corbusier: o teto terraço, um recurso arquitetônico que além do aproveitamento do espaço, no caso também possibilita uma vista livre para a cidade de São Paulo. A fachada em ripas de madeira é um detalhe que contribui para compor um visual mais aconchegante. O desafio deste projeto foi o de valorizar a área e destacar a vista, valendo-se de todas as possibilidades oferecidas pelo terreno.

Location São Paulo, SP
Principal use Housing
Images João Araújo + AL.MA Estúdio
Construction area 292 m^2
Site area 390 m^2

This house has a single social area on the ground floor, bedrooms on the first floor and, on the top floor, one of the foundations of Le Corbusier's work: a roof terrace, an architectural feature for the optimal use of space, which also provides a clear view of the city of São Paulo. The façade in wooden slats affords a certain coziness to home. The challenge was to enhance the area and emphasize the view using all the possibilities of the plot.

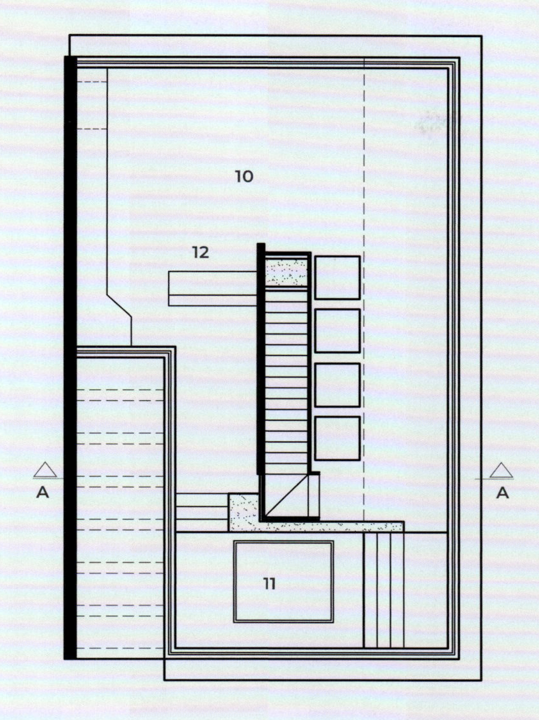

PLANTA DE COBERTURA
TOP-FLOOR PLAN

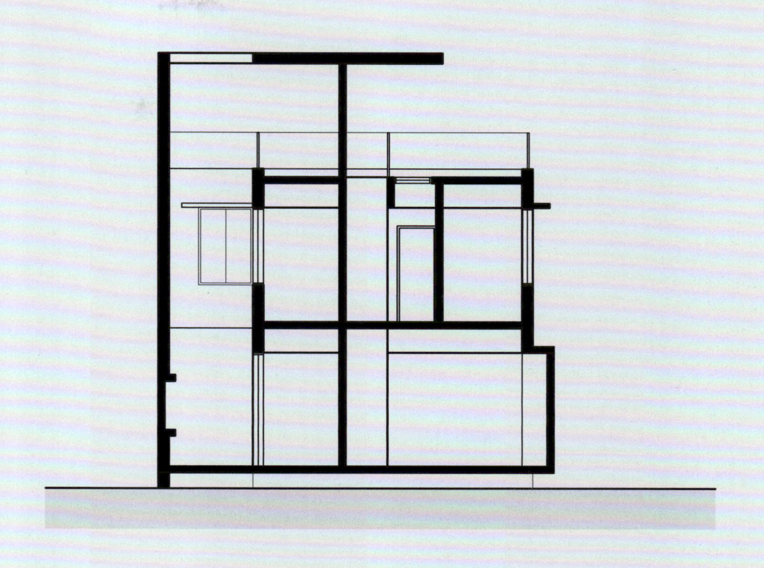

CORTE **A-A**
SECTION A-A

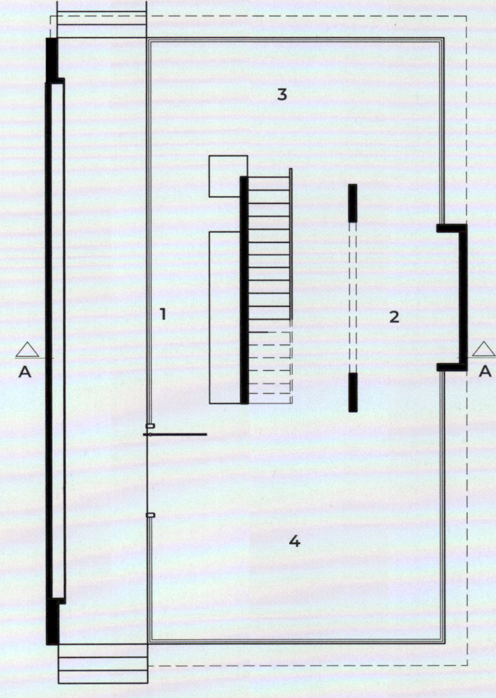

PLANTA **TÉRREA**
GROUND-FLOOR PLAN

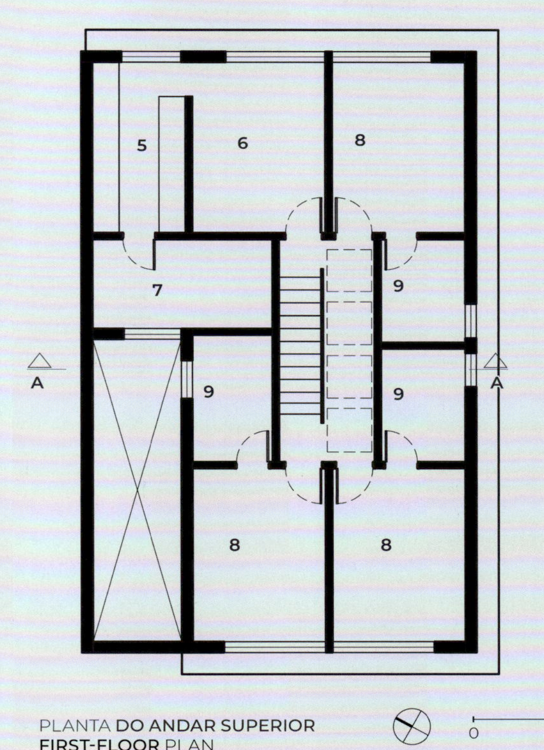

PLANTA **DO ANDAR SUPERIOR**
FIRST-FLOOR PLAN

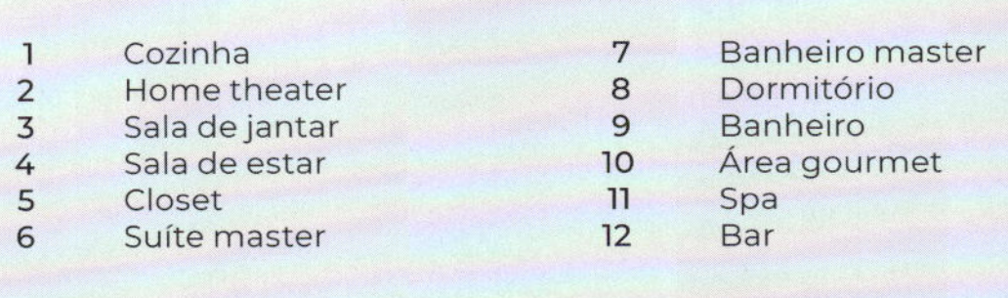

1 Cozinha
2 Home theater
3 Sala de jantar
4 Sala de estar
5 Closet
6 Suíte master
7 Banheiro master
8 Dormitório
9 Banheiro
10 Área gourmet
11 Spa
12 Bar

1 Kitchen
2 Home theater
3 Dining room
4 Living room
5 Closet
6 Master bedroom
7 Master bathroom
8 Bedroom
9 Bathroom
10 Al fresco dining area
11 Spa
12 Bar

Fachada jardim   Garden façade

Fachada lateral direita   Right side façade

Fachada lateral esquerda Left side façade

Vista aérea da casa Aerial view

RUA ESPANHA

Localização **São Paulo, SP**
Uso principal **Moradia**
Imagens **Lew Parrella**
Área de construção **773 m²**
Área do terreno **1.038 m²**

A residência de 773 m² foi planejada como um só volume no centro do jardim: o que foi perdido em terreno foi compensado com a criação de um jardim suspenso na cobertura da casa. Foram projetados diversos volumes em concreto para marcá-los de maneira intensa e contrastar com as paredes em alvenaria. A casa tem dois ambientes com iluminação zenital: a sala de jantar, que avança até o muro de divisa, e a área de serviço, voltada à rua, mas concebida de maneira a evitar que seja visualmente devassada. Pés direitos em diferentes níveis e nos mais diversos ambientes estimulam a sensação de que a casa é um cenário que varia de ato a ato. Para integrar a construção à cidade, a fachada foi projetada tal como uma escultura voltada à rua, de maneira a contribuir com o desenho do bairro; o terreno não é fechado com muro frontal e mesmo assim se garante privacidade e proteção aos moradores.

Location São Paulo, SP
Principal use Housing
Images Lew Parrella
Construction area 773 m²
Site area 1,038 m²

This residence was planned as a single unit in the middle of the garden: any loss in land was compensated with the hanging garden on the roof. Several concrete volumes were designed to create an intense and marked contrast with the masonry walls. The house has two rooms with zenithal lighting: a dining room that extends to the dividing wall, and a service area overlooking the street, but designed to protect it from public view. Multilevel ceiling heights in a range of areas create a sense that the setting changes from one scene to the next. To integrate this construction to the surroundings, the façade was designed like a sculpture facing the street, contributing to the outlines of the neighborhood. The plot is not enclosed with a front wall, but the privacy and protection of the homeowners is guaranteed.

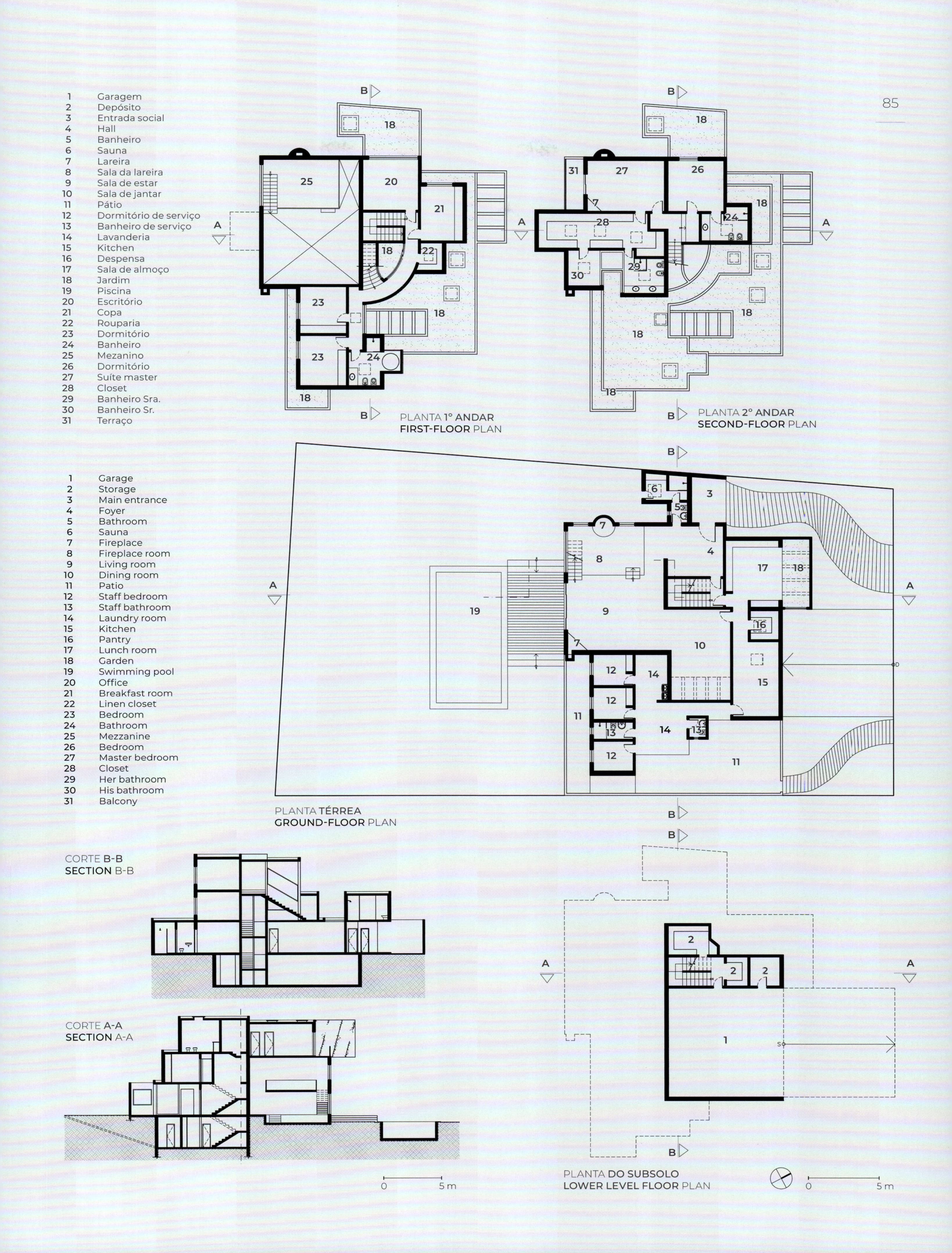
1 Garagem
2 Depósito
3 Entrada social
4 Hall
5 Banheiro
6 Sauna
7 Lareira
8 Sala da lareira
9 Sala de estar
10 Sala de jantar
11 Pátio
12 Dormitório de serviço
13 Banheiro de serviço
14 Lavanderia
15 Kitchen
16 Despensa
17 Sala de almoço
18 Jardim
19 Piscina
20 Escritório
21 Copa
22 Rouparia
23 Dormitório
24 Banheiro
25 Mezanino
26 Dormitório
27 Suíte master
28 Closet
29 Banheiro Sra.
30 Banheiro Sr.
31 Terraço
1 Garage
2 Storage
3 Main entrance
4 Foyer
5 Bathroom
6 Sauna
7 Fireplace
8 Fireplace room
9 Living room
10 Dining room
11 Patio
12 Staff bedroom
13 Staff bathroom
14 Laundry room
15 Kitchen
16 Pantry
17 Lunch room
18 Garden
19 Swimming pool
20 Office
21 Breakfast room
22 Linen closet
23 Bedroom
24 Bathroom
25 Mezzanine
26 Bedroom
27 Master bedroom
28 Closet
29 Her bathroom
30 His bathroom
31 Balcony
PLANTA 1º ANDAR
FIRST-FLOOR PLAN
PLANTA 2º ANDAR
SECOND-FLOOR PLAN
PLANTA TÉRREA
GROUND-FLOOR PLAN
CORTE B-B
SECTION B-B
CORTE A-A
SECTION A-A
PLANTA DO SUBSOLO
LOWER LEVEL FLOOR PLAN
0
5 m

Detalhe do living. Split-level dining room

Vista do living com lareira Fireplace room

Área social em dois níveis Split-level living room

Vista fachada frontal com jardins suspensos View of front façade with hanging gardens

ARAÇATUBA

Localização **Araçatuba, SP**
Uso principal **Moradia**
Imagens **Lew Parrella**
Área de construção **937 m²**
Área do terreno **2.246 m²**

Com uma considerável área de terreno à disposição, a casa de 937 m² foi implantada de maneira a se configurar tal qual um passeio pelo terreno. Dado o fato de estar situada em região de calor intenso no interior do Estado de São Paulo, a residência possui terraços que evidenciam o percurso deste passeio coberto e protegido do sol, permitindo que moradores visualizem diversas paisagens durante a caminhada pelo jardim. O telhado é composto por telhas de barro, provenientes de antigas fazendas de café; no terraço superior duas colunas de madeira conferem um caráter bucólico à planta. O espaço interno é edificado com pés direitos duplos, mezaninos, passarelas e escada em concreto, que funcionam como esculturas: a circulação vertical não é confinada a um espaço fechado, mas sim aberto ao pé direito duplo. Cabe destacar a escada externa agregada à fachada, que permite vista ao jardim.

Location Araçatuba, SP
Principal use Housing
Images Lew Parrella
Construction area 937 m²
Site area 2,246 m²

With a considerable amount of land available, this house was designed to convey the idea of a walk around the plot. Located in an intensely hot region in the state of São Paulo, the home has terraces that reveal a path covered and protected from the sun, providing residents with a view of all the possible landscapes as they walk in the garden. The roof has clay tiles from old coffee farms, while the upper terrace flaunts two wooden columns that afford a bucolic nature to the project. The internal space is built with double-height ceilings, mezzanines, catwalks, and concrete stairs, which function as sculptures, and vertical circulation is not confined to a closed space, but open to the double ceiling height. A special feature is the external circular staircase added to the façade, providing a view to the garden.

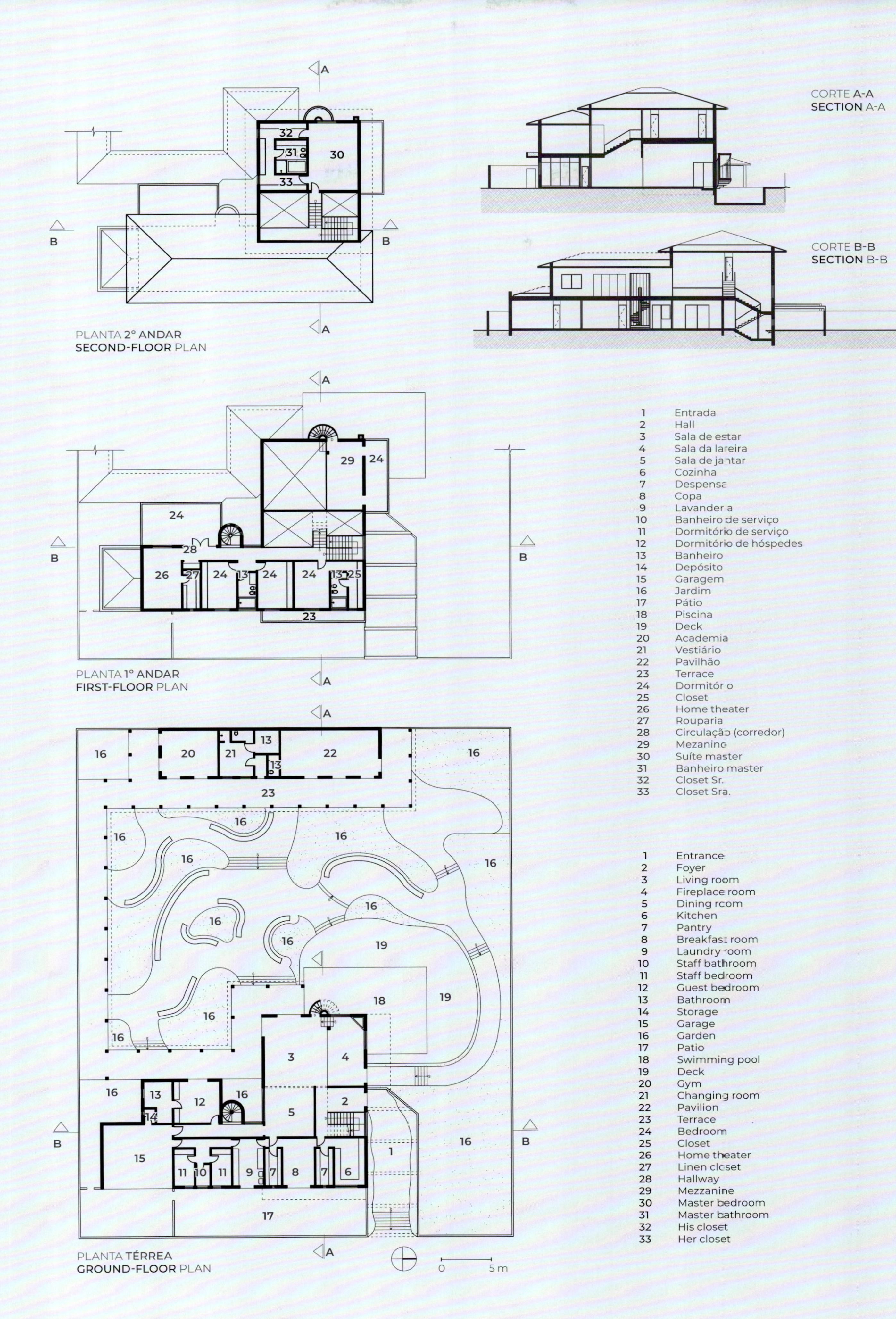
CORTE A-A
SECTION A-A
CORTE B-B
SECTION B-B
PLANTA 2º ANDAR
SECOND-FLOOR PLAN
PLANTA 1º ANDAR
FIRST-FLOOR PLAN
PLANTA TÉRREA
GROUND-FLOOR PLAN
0 5 m
1 Entrada
2 Hall
3 Sala de estar
4 Sala da lareira
5 Sala de jantar
6 Cozinha
7 Despensa
8 Copa
9 Lavanderia
10 Banheiro de serviço
11 Dormitório de serviço
12 Dormitório de hóspedes
13 Banheiro
14 Depósito
15 Garagem
16 Jardim
17 Pátio
18 Piscina
19 Deck
20 Academia
21 Vestiário
22 Pavilhão
23 Terrace
24 Dormitório
25 Closet
26 Home theater
27 Rouparia
28 Circulação (corredor)
29 Mezanino
30 Suíte master
31 Banheiro master
32 Closet Sr.
33 Closet Sra.
1 Entrance
2 Foyer
3 Living room
4 Fireplace room
5 Dining room
6 Kitchen
7 Pantry
8 Breakfast room
9 Laundry room
10 Staff bathroom
11 Staff bedroom
12 Guest bedroom
13 Bathroom
14 Storage
15 Garage
16 Garden
17 Patio
18 Swimming pool
19 Deck
20 Gym
21 Changing room
22 Pavilion
23 Terrace
24 Bedroom
25 Closet
26 Home theater
27 Linen closet
28 Hallway
29 Mezzanine
30 Master bedroom
31 Master bathroom
32 His closet
33 Her closet

Vista geral da sala de estar com mezanino   Living room and mezzanine view

Detalhe da área social   Living room detail

Detalhe da escada caracol   Circular stairs detail

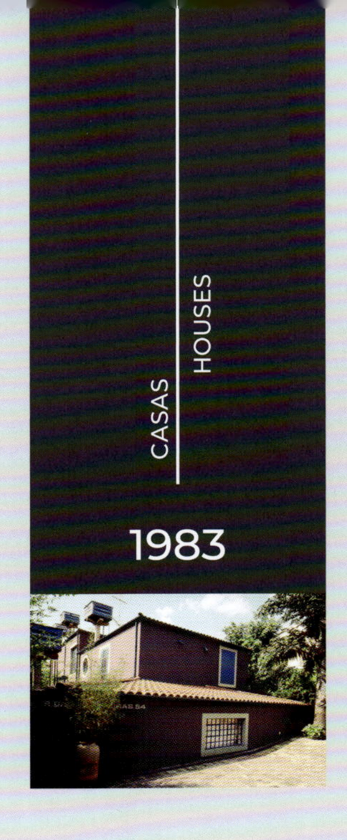

RUA DAS AMOREIRAS

Localização **São Paulo, SP**
Uso principal **Moradia**
Imagens **Lew Parrella**
Área de construção **417 m²**
Área do terreno **705 m²**

Location São Paulo, SP
Principal use Housing
Images Lew Parrella
Construction area 417 m²
Site area 705 m²

Construída no sofisticado bairro de Cidade Jardim, frente a um parque com Mata Atlântica original e preservada, a casa de 417 m² foi projetada para se adaptar ao terreno, que tem frente para duas ruas em declive, de forma que não foi preciso descaracterizar a área por meio de aterros e movimentação de terra. A casa se desenvolve ao redor de uma quadra de squash e a esta todos os andares se integram visualmente: sua referência é a casa Carlson, de Frank Lloyd Wright, no Arizona – EUA. Visando a sustentabilidade ambiental foram empregados na construção diversos materiais, quer reaproveitados de outras obras, quer de demolição. As vigas estruturais que sustentam os andares superiores foram feitas com madeira de maçaranduba, que graças à sua incrível resistência, era usada como estaqueamento para fundações de casas no Norte e Nordeste do Brasil.

Built in the sophisticated neighborhood of Cidade Jardim, overlooking a park with original and preserved Atlantic Forest, this home is designed to adapt to the terrain facing two sloping streets, so as to avoid stripping the area of its characteristics with landfills and earth moving. The house is built around a squash court, to which all the floors are visually integrated: its reference is the home of Carlson, by Frank Lloyd Wright, in Arizona, United States. To ensure environmental sustainability, we used a range of material from other constructions and demolitions. The structural beams supporting the upper floors are constructed from regional wood that is very resistant; it was used in the piled foundations of houses in north and northeast Brazil.

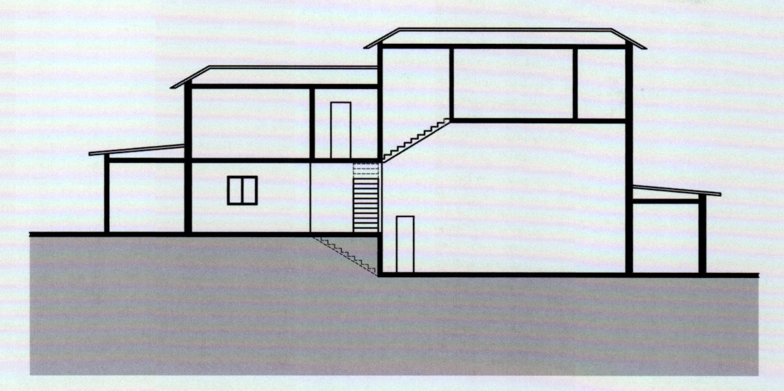

CORTE **A-A**
SECTION A-A

1 Biblioteca
2 Sala de jogos
3 Sala de jantar
4 Sala de estar
5 Cozinha
6 Quadra de squash
7 Adega
8 Banheiro de serviço
9 Dormitório de serviço
10 Lavanderia
11 Piscina
12 Varanda
13 Dormitório
14 Banheiro
15 Closet
16 Hall íntimo

1 Library
2 Games room
3 Dining room
4 Living room
5 Kitchen
6 Squash court
7 Wine cellar
8 Staff bathroom
9 Staff bedroom
10 Laundry room
11 Swimming pool
12 Loggia
13 Bedroom
14 Bathroom
15 Closet
16 Hall

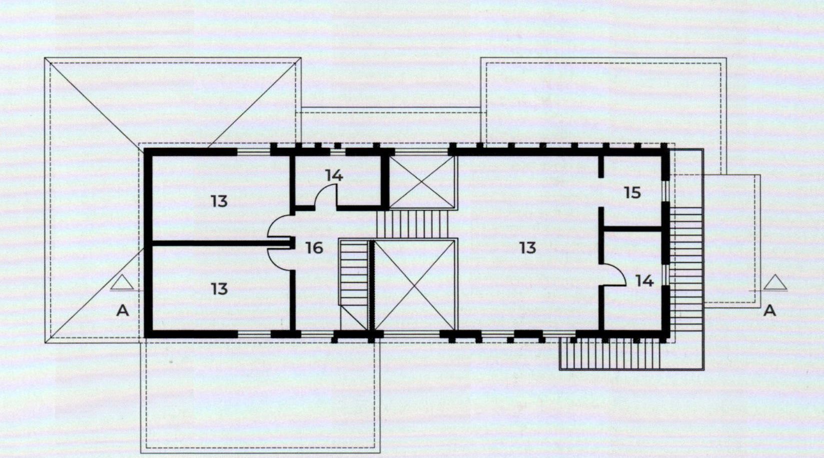

PLANTA **DO ANDAR SUPERIOR**
FIRST-FLOOR PLAN

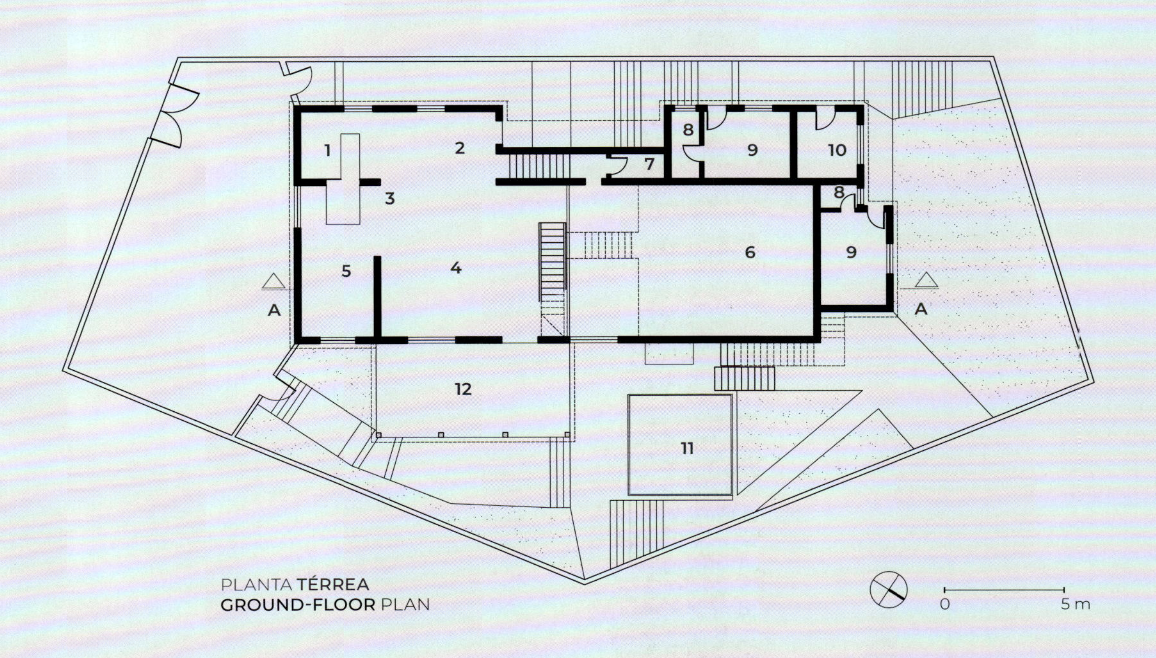

PLANTA **TÉRREA**
GROUND-FLOOR PLAN

Fachada e área de lazer   Side façade, garden, and pool

Acesso à suíte principal Access to main suite

Quadra de squash Squash court

JANDIRA

Localização **Jandira, SP**
Uso principal **Moradia**
Imagens **Lew Parrella**
Área de construção **375 m²**
Área do terreno **2.400 m²**

A casa foi projetada para um grande terreno em condomínio fechado em Jandira, cidade vizinha a São Paulo, Capital. Sempre buscando atender aspirações e desejos dos moradores, o imóvel foi pensado de forma a permitir que em ocasião futura se construam novos ambientes mediante necessidades dos proprietários. Com área de 375 m², dois triângulos formam o núcleo central da casa e constituem a área social: living e sala de jantar. Os demais ambientes - área de serviço e área intima, se desenvolvem ao redor do núcleo principal, sob formas bem diversas dos triângulos centrais: geometria e desordem. A ideia de se projetar diferentes formas é proposital e dá coerência ao conjunto, mesmo que futuramente outros tipos de volumes venham a ser agregados à área já construída.

Location Jandira, SP
Principal use Housing
Images Lew Parrella
Construction area 375 m²
Site area 2,400 m²

The house was designed for a large plot in a gated community in the city of Jandira, São Paulo. The spaces were projected to meet the aspirations, wishes, and needs of the homeowners. Two triangles form the central core of the home and create the social area: a living room and dining room. The other spaces, service and intimate areas, surround the core in forms that greatly differ from the central triangles: geometry and disarray. The idea of designing different forms is deliberate and affords coherence to the assembly, even if other types of volumes are later added to the original construction.

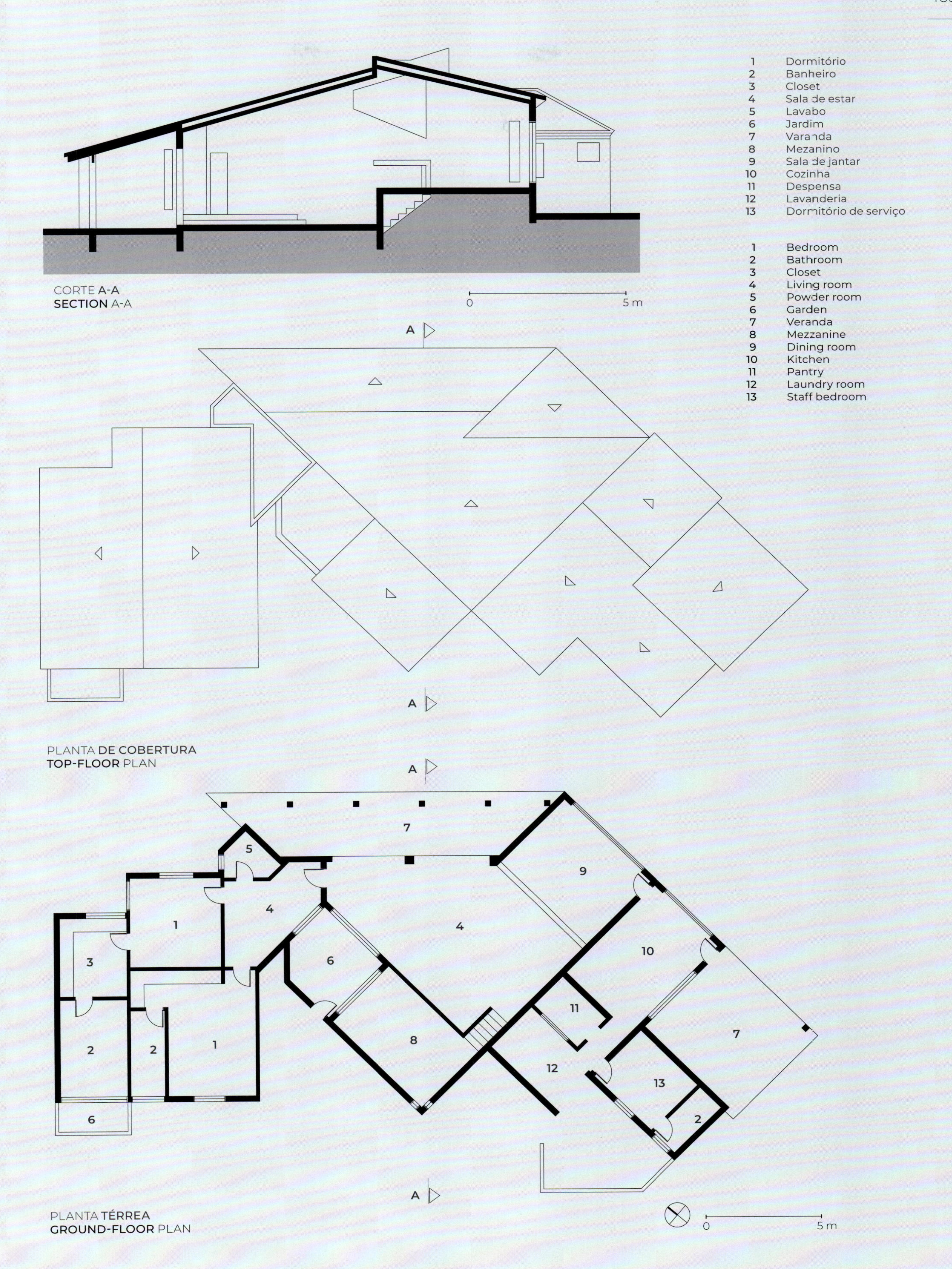

CORTE A-A
SECTION A-A

PLANTA DE COBERTURA
TOP-FLOOR PLAN

PLANTA TÉRREA
GROUND-FLOOR PLAN

Casa vista a partir do jardim   View of house from the garden

Lareira Fireplace

Sala de estar em desníveis Split-level living room

AV. PIRACICABA

Localização **Tamboré, SP**
Uso principal **Moradia**
Imagens **João Ribeiro**
Área construída **2.375 m²**
Área do terreno **4.985 m²**

A casa de 2.375 m² no bairro de Tamboré é a mais emblemática dos projetos que se baseiam no conceito de edificações que admitem várias modificações durante ou após sua construção. A planta fugiu à concepção original porque durante a obra o proprietário adquiriu terrenos adjacentes: o projeto foi sendo adequado às propostas que surgiam ante novas possibilidades de espaço. Há jardins em diversos níveis e galerias cobertas que fazem a ligação entre os vários ambientes. No centro do pátio central encontra-se a piscina; escadarias e passagens interligam todos os espaços dispersos pelo terreno. São praças, caminhos e arquitetura que se entrelaçam. Internamente não se notam as diferentes fases pelas quais a construção foi se desenvolvendo, uma vez que o projeto harmonizou os vários ambientes de maneira natural, sem que se perdesse a coerência no desenho final.

Location Tamboré, SP
Principal use Housing
Images João Ribeiro
Construction area 2,375 m²
Site area 4,985 m²

The large home in Tamboré is the most emblematic of the projects that allow several modifications during or after construction. The floor plan swerved from the original design because the owner acquired adjacent land during construction. It gradually adapted to the ideas that emerged from the new possibilities of space. The gardens are arranged at several levels and covered galleries connect various spaces. A swimming pool sits in the middle of the central patio; staircases and walkways connect all the spaces scattered across the plot. Squares, paths, and architecture are interwoven. Internally, there is no trace of the different construction stages, as the project harmonized all the spaces naturally without losing the coherence of the final design.

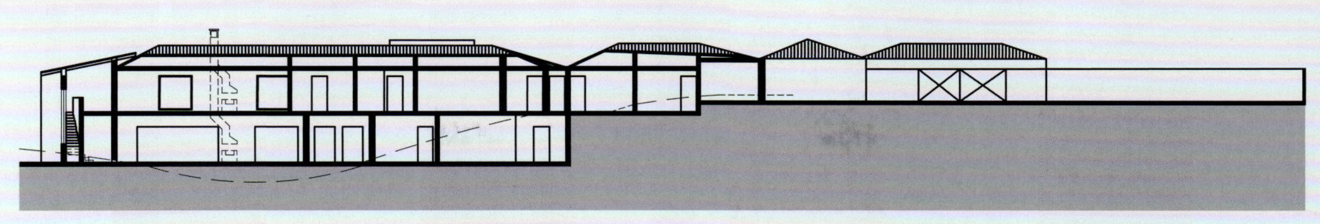

CORTE A-A
SECTION A-A

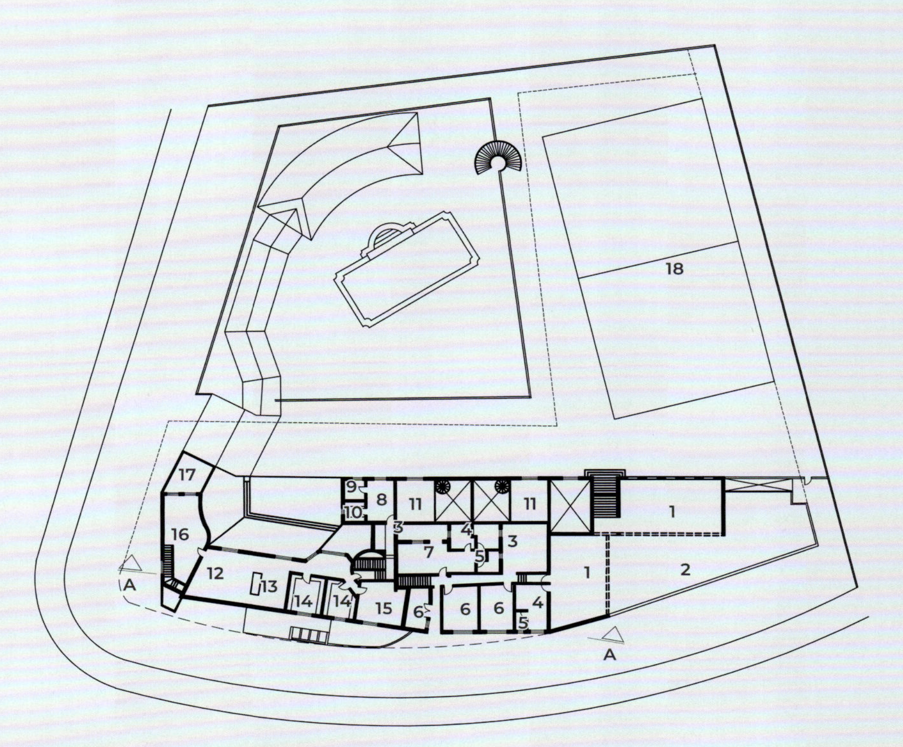

PLANTA **DO ANDAR SUPERIOR**
FIRST-FLOOR PLAN

1 Garagem
2 Pátio
3 Pátio descoberto
4 Dormitória de serviço
5 Banheiro
6 Depósito
7 Lavanderia
8 Quarto
9 Banheiro
10 Closet
11 Mezanino do quarto
12 Suíte master
13 Sala de estar principal
14 Closet master
15 Banheiro master
16 Escritório
17 Varanda
18 Quadra de esportes
19 Cozinha
20 Sala de estar
21 Sala de jantar 2
22 Pavilhão
23 Quarto de estudos
24 Despensa
25 Sala de jantar
26 Galeria
27 Adega
28 Home theater
29 Varanda coberta
30 Guarda roupa
31 Hall
32 Canil
33 Casa de máquinas
34 Vestiário
35 Sauna
36 Quadra de squash
37 Academia
38 Sala de jogos
39 Piscina
40 Jardim de inverno
41 Spa

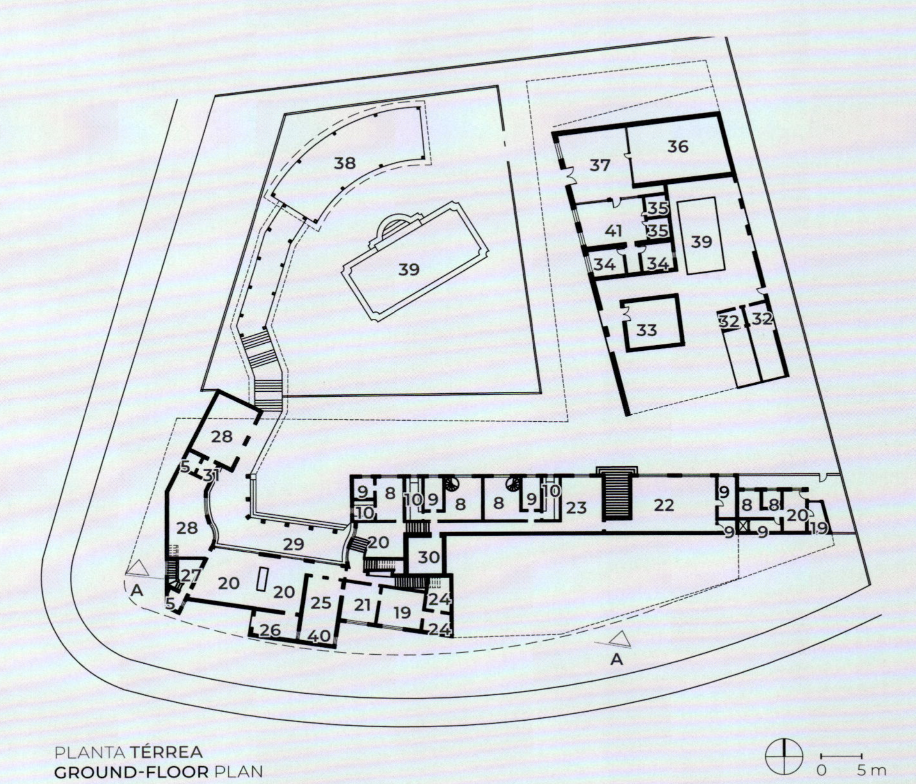

PLANTA **TÉRREA**
GROUND-FLOOR PLAN

1 Garage
2 Patio
3 Uncovered patio
4 Staff bedroom
5 Bathroom
6 Storage
7 Laundry room
8 Bedroom
9 Bathroom
10 Closet
11 Bedroom mezzanine
12 Master bedroom
13 Master living room
14 Master closet
15 Master bathroom
16 Office
17 Gazebo
18 Sports court
19 Kitchen
20 Living room
21 Dining room 2
22 Pavilion
23 Study
24 Pantry
25 Dining room
26 Foyer
27 Wine cellar
28 Home theater
29 Covered veranda
30 Wardrobe
31 Hall
32 Dog kennel
33 Machinery room
34 Changing room
35 Sauna
36 Squash court
37 Gym
38 Games room
39 Swimming pool
40 Sunroom
41 Spa

Detalhe da fachada Façade detail

Detalhe do escritório e gazebo superior Home office and gazebo

Detalhe da sala de estar principal Main living room

Varanda que circunda o pátio piscina

Pool patio and covered walkway

Área de cozinha gourmet do pátio principal

Outdoor al fresco dining area on the main patio

AV. SOROCABA

Localização **Tamboré, SP**
Uso principal **Moradia**
Imagens **Lew Parrella**
Área de construção **974 m²**
Área do terreno **1.330 m²**

A residência, com 974 m² de área construída, é uma homenagem a Frank Lloyd Wright, uma menção à fachada de sua casa Winslow, em River Forest, EUA. Desenvolvida a partir de um espaço central, o pé-direito de 9 metros de altura proporciona iluminação natural a partir de uma abertura zenital no centro do telhado. A casa é totalmente interligada em seus dois andares: o térreo, com área social e de serviços, e o superior, com quartos e sala de família. Apesar dos andares serem conectados visualmente, o projeto permite que a privacidade dos moradores seja preservada. O jardim implantado em dois níveis completa a casa e compõe um único conjunto entre o andar térreo e a academia de fitness, que fica em plano abaixo da área social, visando o aproveitamento do declive do terreno.

Location Tamboré, SP
Principal use Housing
Images Lew Parrella
Construction area 974 m²
Site area 1,330 m²

This home is designed as a tribute to Frank Lloyd Wright, a reference to the façade of his Winslow House, in River Forest, Illinois, United States. Based on a central space, the 9-meter ceiling height provides natural lighting from a zenithal opening in the center of the roof. The house is fully interconnected between two floors: the ground floor, with a social and service area, and the top floor, with the bedrooms and family room. Although the floors are visually connected, people's privacy is preserved. The garden, set on two levels, completes the house and creates a single unit between the ground floor and the gym, which is located below the social area to take advantage of the slope in the plot.

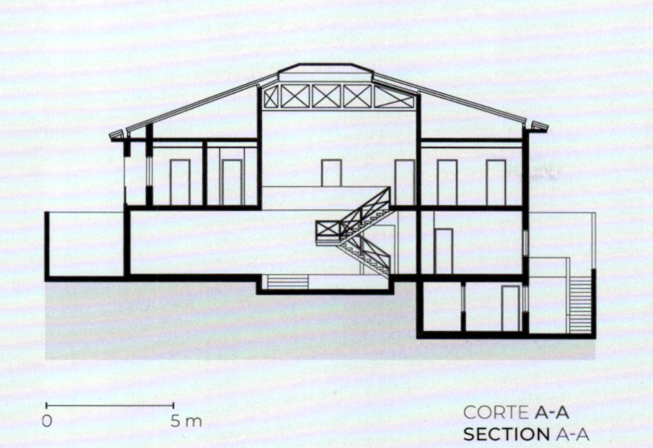

0 5 m

CORTE A-A
SECTION A-A

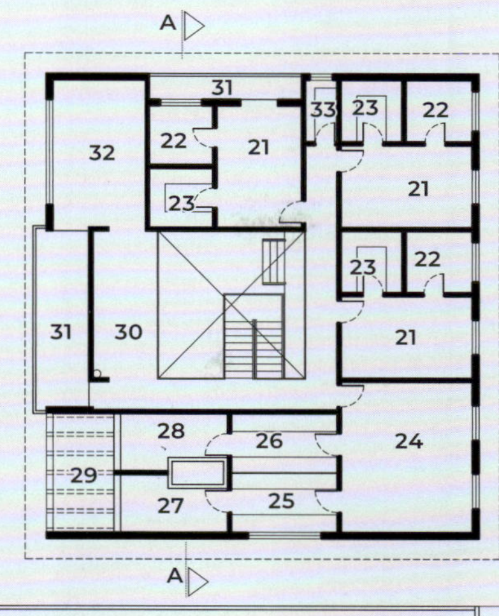

PLANTA **DO ANDAR SUPERIOR**
FIRST-FLOOR PLAN

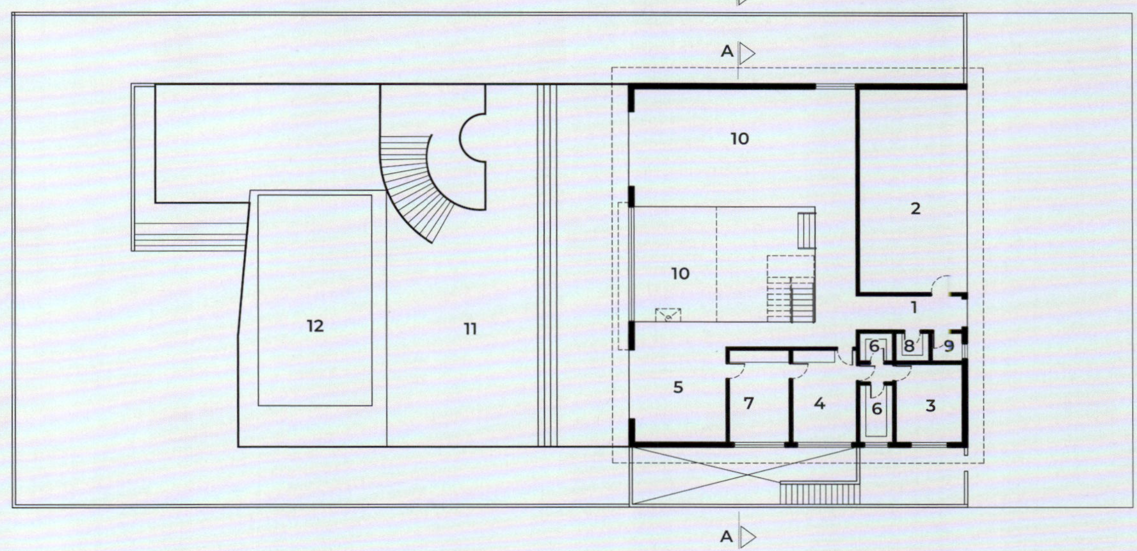

PLANTA **TÉRREA**
GROUND-FLOOR PLAN

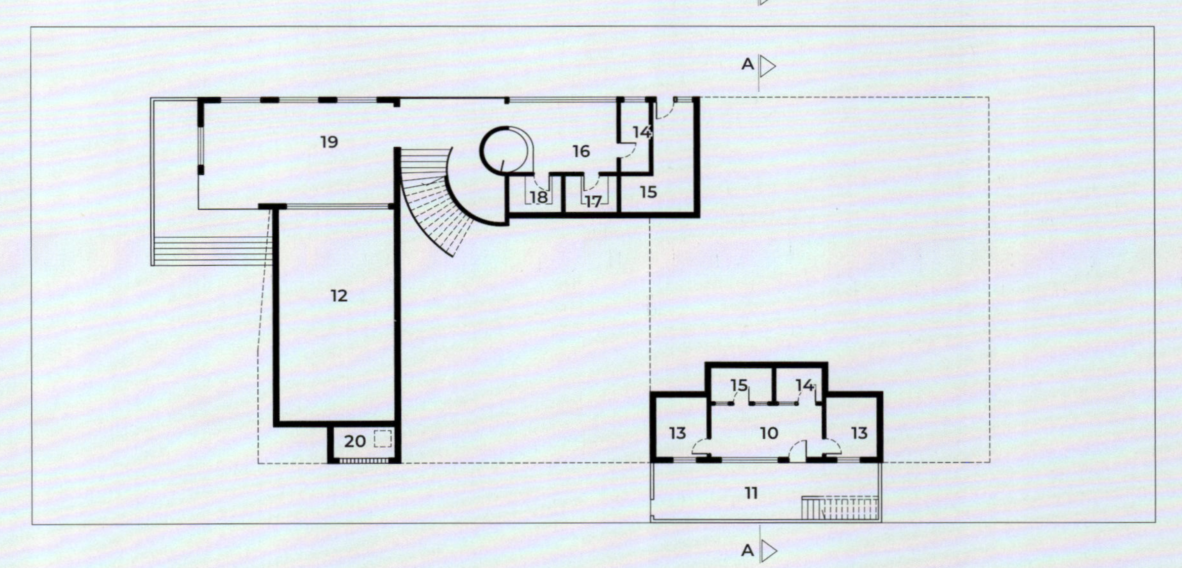

PLANTA **DO SUBSOLO**
LOWER LEVEL FLOOR PLAN

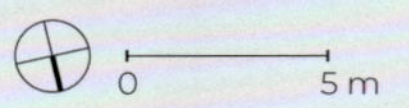

1	Hall
2	Garagem
3	Lavanderia
4	Cozinha
5	Sala de jantar 1
6	Despensa
7	Sala de jantar 2
8	Adega
9	Lavabo
10	Sala de estar
11	Pátio
12	Piscina
13	Dormitória de serviço
14	Banheiro de serviço
15	Depósito
16	Academia
17	Sauna seca
18	Sauna a vapor
19	Pavilhão
20	Casa de máquinas
21	Quarto
22	Banheiro
23	Closet
24	Suíte master
25	Closet master 1
26	Closet master 2
27	Banheiro master 1
28	Banheiro master 2
29	Jardim
30	Biblioteca
31	Terraço
32	Home theater
33	Guarda roupa

1	Hall
2	Garage
3	Laundry room
4	Kitchen
5	Dining room 1
6	Pantry
7	Dining room 2
8	Wine cellar
9	Powder room
10	Living room
11	Patio
12	Swimming pool
13	Staff bedroom
14	Staff bathroom
15	Storage
16	Gym
17	Dry sauna
18	Steam sauna
19	Pavilion
20	Machinery room
21	Bedroom
22	Bathroom
23	Closet
24	Master bedroom
25	Master closet 1
26	Master closet 2
27	Master bathroom 1
28	Master bathroom 2
29	Garden
30	Library
31	Terrace
32	Home theater
33	Wardrobe

Fachada posterior Rear façade

Sala de estar e sala de jantar ao fundo Living room and dining room beyond

Detalhe do pé direito triplo Triple-level ceiling detail

AVARÉ

Localização **Avaré, SP**
Uso principal **Moradia**
Imagens **João Ribeiro**
Área de construção **2.090 m²**
Área do terreno **6.000 m²**

Em terreno com área de 6.000 m² localizado à beira de uma represa, foi pensada para a casa de 2.090 m² uma planta em forma de triangulo, com três volumes, e um jardim interno igualmente em desenho triangular que une as áreas social, dos quartos e de serviço. Tais espaços são integrados por uma varanda interna que circunda o jardim e possibilita a circulação central. Todos os ambientes da casa giram em torno do jardim, o que permite a entrada de muita luz natural e a perfeita integração com o meio externo. Contíguo à casa, localizam-se a cozinha gourmet, a garagem de barcos e a piscina, que faz contraponto entre a área construída e a exuberante natureza: a represa e a flora da região proporcionam um frescor necessário a esta área de calor intenso, característico do interior do Estado de São Paulo.

Location Avaré, SP
Principal use Housing
Images João Ribeiro
Construction area 2,090 m²
Site area 6,000 m²

Situated on a large plot bordering a reservoir, this triangular-shaped house was built in three volumes with an internal, triangular garden that connects the social area, the rooms, and the service area. These spaces are integrated by an internal veranda that surrounds the garden and allows central circulation. All the areas of the house revolve around the garden, which lets in plenty of natural light and seamlessly integrates with the external environment. Adjacent to the house, an outside kitchen and dining area, boathouse, and swimming pool together create a counterpoint between the built-up area and the lush nature: the reservoir and local flora provide a much-needed freshness in this intensely hot region in the state of São Paulo.

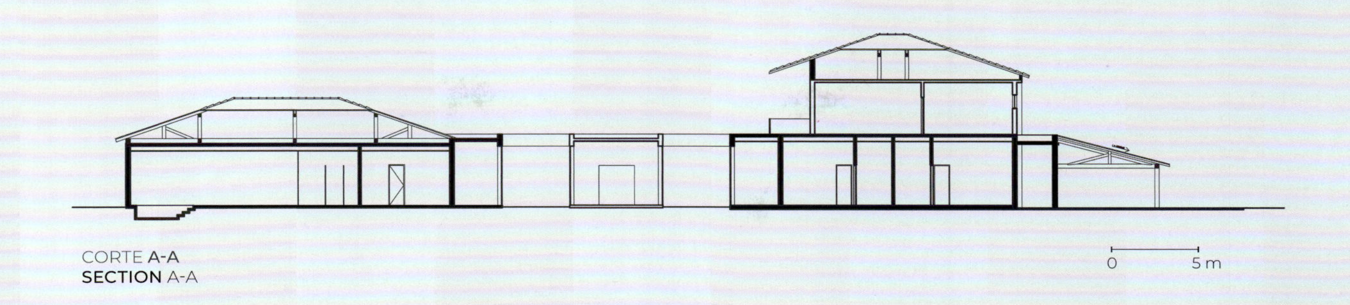

CORTE **A-A**
SECTION A-A

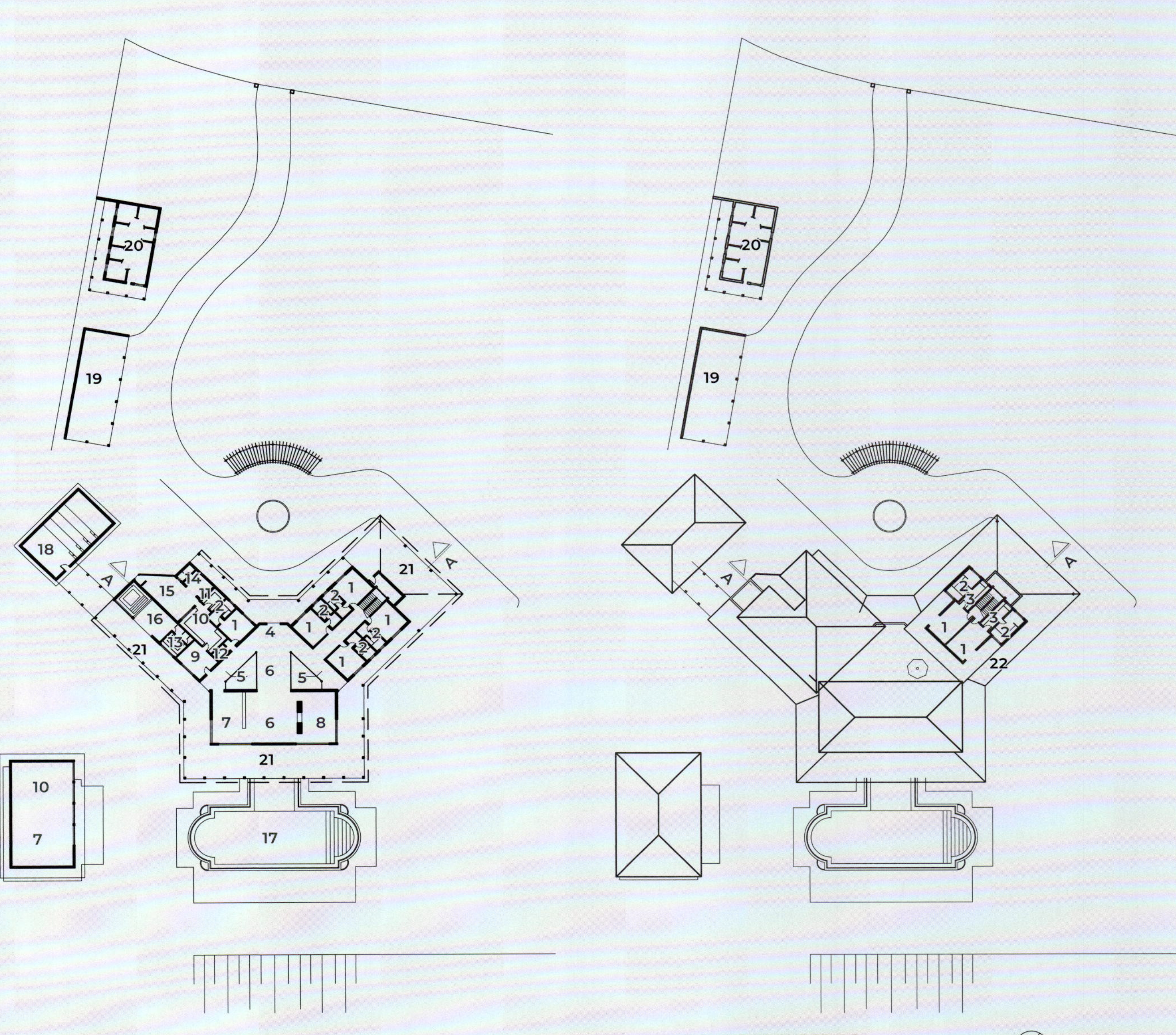

PLANTA **TÉRREA**
GROUND-FLOOR PLAN

PLANTA **DO ANDAR SUPERIOR**
FIRST-FLOOR PLAN

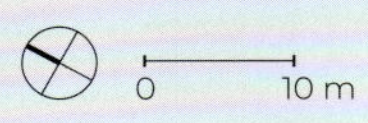

1	Quarto	12	Lavabo
2	Banheiro	13	Sauna
3	Closet	14	Banheiro serviço
4	Hall entrada	15	Lavanderia
5	Jardim	16	Spa
6	Sala de estar	17	Piscina
7	Sala de jantar	18	Home theater
8	Sala da lareira	19	Garagem
9	Escritório	20	Casa do zelador
10	Cozinha	21	Varanda
11	Área de serviço	22	Terraço

1	Bedroom	12	Powder room
2	Bathroom	13	Sauna
3	Closet	14	Staff bathroom
4	Entrance	15	Laundry room
5	Garden	16	Spa
6	Living room	17	Swimming pool
7	Dining room	18	Home theater
8	Fireplace room	19	Garage
9	Office	20	Maid's quarters
10	Kitchen	21	Veranda
11	Staff area	22	Balcony

Vista geral da casa com a piscina   View of house and pool

Detalhe da varanda e piscina Veranda and pool detail

Jardim posterior e casa ao fundo Back garden with rear façade in the background

Jardim interno com árvore Internal patio with tree

STAUB

Localização **Avaré, SP**
Uso principal **Moradia**
Imagens **Lew Parrella**
Área de construção **2.354 m²**
Área do terreno **16.000 m²**

A residência de 2.354 m² situa-se em um terreno de 16.000 m² à beira de uma represa, um dos mais belos recantos do interior do Estado de São Paulo; a casa abraça um magnifico jardim e permite uma vista espetacular. Toda rodeada por varandas, a residência se espalha pelo terreno: no térreo encontram-se a área social, a dos quartos de hóspedes, o pavilhão de jogos e o spa; no andar superior, a ala íntima da família. Separado da casa principal pelo jardim, um grande pavilhão abriga a cozinha gourmet e a churrasqueira. Todo o ambiente social tem vista para a piscina, que funciona como ponto central da área do jardim, que por sua vez se estende até a represa.

Location Avaré, SP
Principal use Housing
Images Lew Parrella
Construction area 2,354 m²
Site area 16,000 m²

This residence is located on a large plot beside a reservoir, one of the most beautiful spots in the interior of the state of São Paulo. The house encompasses a magnificent garden and has a spectacular view. Surrounded by verandas, the home spreads out across the plot. The ground floor has a social area, the guest rooms, a games room, and the spa, while the upper floor houses the private family wing. Separated from the main house by the garden, a large pavilion includes an outdoor kitchen and barbecue area. The whole social area overlooks the pool, which serves as the focal point of the garden that, in turn, extends to the reservoir.

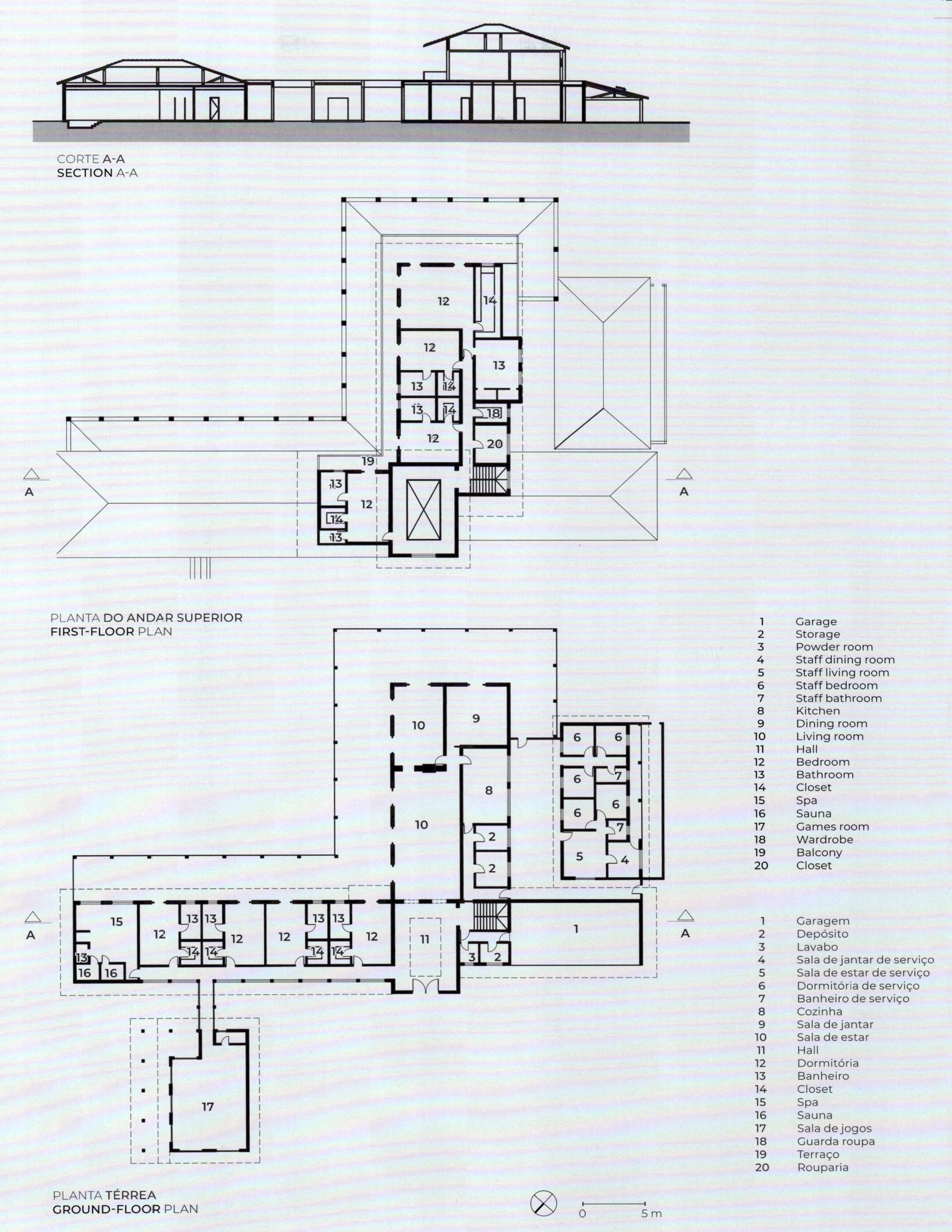
CORTE A-A
SECTION A-A
PLANTA DO ANDAR SUPERIOR
FIRST-FLOOR PLAN
PLANTA TÉRREA
GROUND-FLOOR PLAN
0
5 m
1 Garage
2 Storage
3 Powder room
4 Staff dining room
5 Staff living room
6 Staff bedroom
7 Staff bathroom
8 Kitchen
9 Dining room
10 Living room
11 Hall
12 Bedroom
13 Bathroom
14 Closet
15 Spa
16 Sauna
17 Games room
18 Wardrobe
19 Balcony
20 Closet
1 Garagem
2 Depósito
3 Lavabo
4 Sala de jantar de serviço
5 Sala de estar de serviço
6 Dormitória de serviço
7 Banheiro de serviço
8 Cozinha
9 Sala de jantar
10 Sala de estar
11 Hall
12 Dormitória
13 Banheiro
14 Closet
15 Spa
16 Sauna
17 Sala de jogos
18 Guarda roupa
19 Terraço
20 Rouparia

Vista geral da casa e pátio piscina   View of house and pool

Detalhe da área social Living room

Vista geral da casa e terreno House and garden

Detalhe da fachada lateral Side façade

Detalhe da varanda Loggia

Vista da fachada frontal Front façade

RUA ANTÔNIO ANDRADE REBELO

Localização **São Paulo, SP**
Uso principal **Moradia**
Imagens **Rômulo Fialdini**
Área de construção **1.323 m^2**
Área do terreno **3.000 m^2**
Arquitetura de interiores **Ugo di Pace e Maria di Pace**
Paisagismo **Gilberto Elkis**

A casa de 1.323 m^2 em terreno de 3.000 m^2 é composta por dois volumes: o primeiro é constituído pela casa principal, o segundo, por um pavilhão. Todo o pavimento térreo é destinado à área social, já o andar superior abriga os dormitórios, que são interligados externamente por um grande terraço; ainda, um sótão, também com terraço, proporciona uma belíssima vista da cidade de São Paulo. No pavilhão, seu teto terraço permite que se visualize a casa, o jardim e a piscina, que se prolonga até um espelho d'água que adentra o interior deste segundo volume. A casa é fechada para a rua e aberta ao jardim interno, garantindo assim a privacidade dos moradores.

Location São Paulo, SP
Principal use Housing
Images Rômulo Fialdini
Construction area 1,323 m^2
Site area 3,000 m^2
Interior design Ugo di Pace and Maria di Pace
Landscape design Gilberto Elkis

This house on a substantial plot has two volumes: the first is the main house and the second forms a pavilion. The entire ground floor is used as the social area, and bedrooms are located on the top floor, connected by a large terrace. An attic, also with a terrace, provides a beautiful view of the city of São Paulo. In the pavilion, the roof terrace shows a view of the house, the garden, and the swimming pool, extending to a pond that enters this second volume. The house is closed to the street and faces the internal garden to ensure privacy.

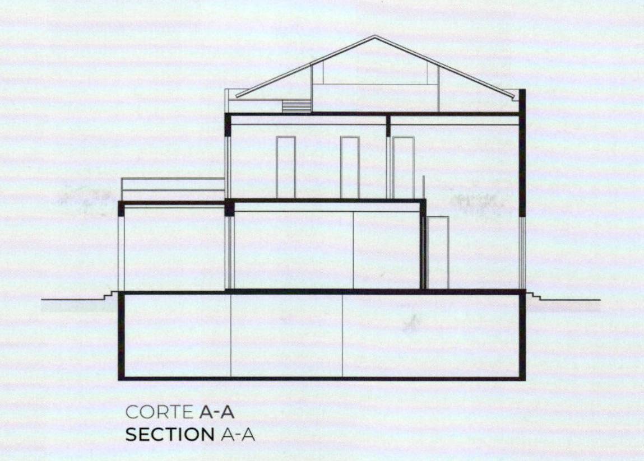

CORTE **A-A**
SECTION A-A

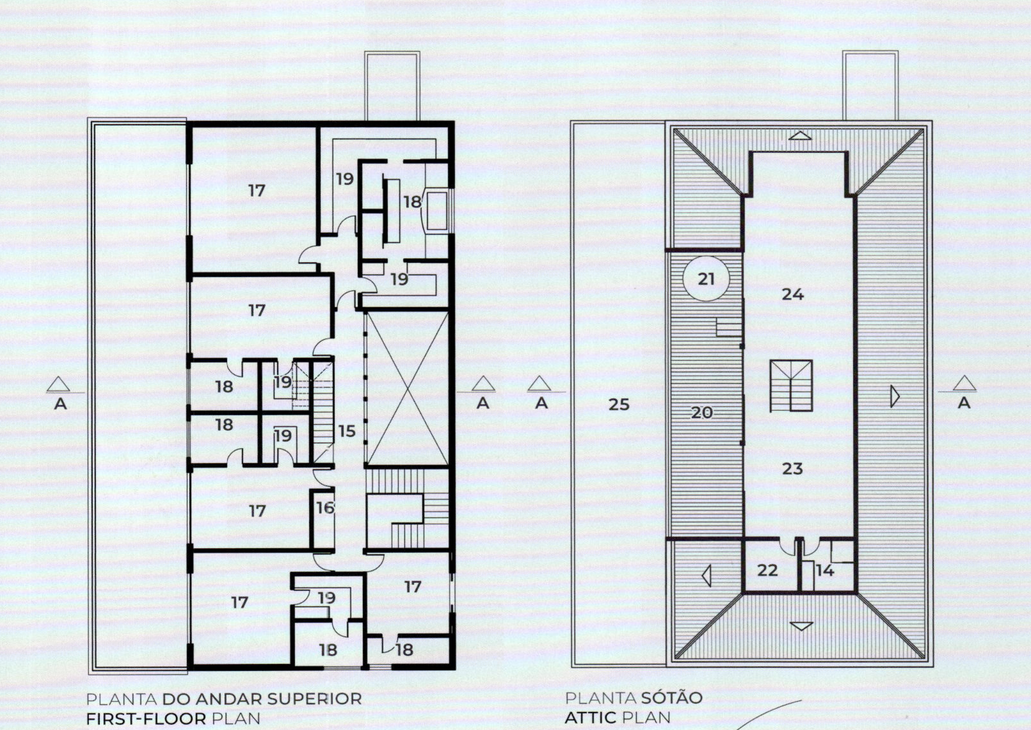

PLANTA **DO ANDAR SUPERIOR**
FIRST-FLOOR PLAN

PLANTA **SÓTÃO**
ATTIC PLAN

1 Garagem
2 Adega
3 Dormitória de serviço
4 Banheiro de serviço
5 Lavanderia
6 Terraço
7 Cinema
8 Sala de estar
9 Sala de jantar
10 Sala de almoço
11 Copa
12 Cozinha
13 Despensa
14 Lavabo
15 Galeria
16 Escritório
17 Quarto
18 Banheiro
19 Closet
20 Deck
21 Jacuzzi
22 Depósito
23 Sala de família
24 Academia
25 Varanda

1 Garage
2 Wine cellar
3 Staff bedroom
4 Staff bathroom
5 Laundry room
6 Terrace
7 Home theater
8 Living room
9 Dining room
10 Lunch room
11 Breakfast room
12 Kitchen
13 Pantry
14 Powder room
15 Foyer
16 Office
17 Bedroom
18 Bathroom
19 Closet
20 Deck
21 Hot tub
22 Storage
23 Family room
24 Gym
25 Balcony

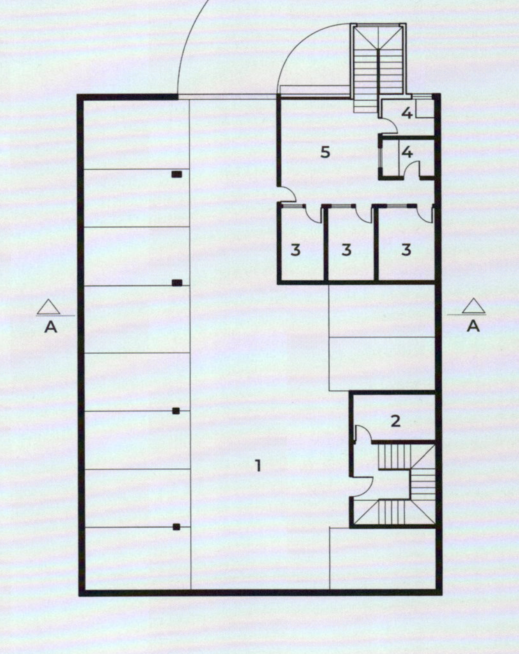

PLANTA **DO SUBSOLO**
LOWER LEVEL FLOOR PLAN

PLANTA **TÉRREA**
GROUND-FLOOR PLAN

Fachada posterior vista do pavilhão   Rear façade from the pavilion

Detalhe do sótão Attic

Detalhe do sala de estar e sala ce jantar Living and dining room

Detalhe do sala de estar com piscina e pavilhão ao fundo Living room with pool and pavilion in the background

Detalhe do pavilhão com espelho d´água   Pavilion and reflecting pool

Pavilhão visto a partir do jardim social   Pavilion view from the garden

Pavilhão com destaque para espelho d'agua e piscina   Pavilion highlighting reflecting pool and swimming pool

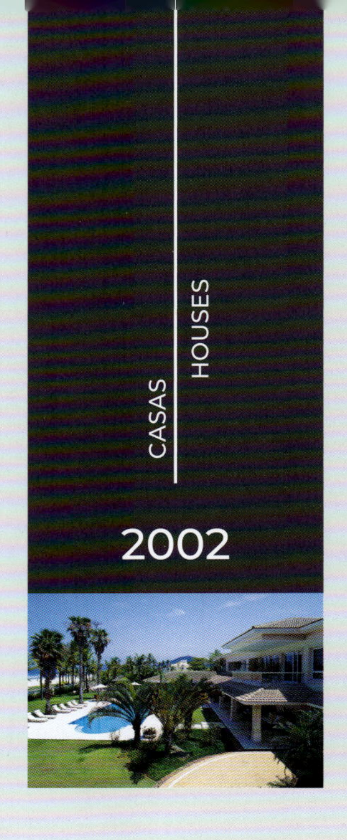

PRAIA DA ENSEADA

Localização **Guarujá, SP**
Uso principal **Moradia**
Imagens **Rômulo Fialdini**
Área de construção **2.660 m²**
Área do terreno **6.000 m²**

Location Guarujá, SP
Principal use Housing
Images Rômulo Fialdini
Construction area 2,660 m²
Site area 6,000 m²

Localizada à beira-mar, a casa ocupa um terreno de 6.000m²: a vista frontal é voltada para o mar, e aos fundos para a Serra do Mar, coberta com a exuberante Mata Atlântica, razão pela qual o projeto valorizou esta serena paisagem como alternativa à movimentada praia lotada por turistas em temporadas de férias. O cliente demandou uma casa confortável e ampla, e para tal o projeto incorporou conceitos das *Prairie Houses* de Frank Lloyd Wright no referente ao uso dos espaços, e ainda buscou inspiração nos telhados das casas coloniais brasileiras de Ouro Preto. Amplas sacadas protegem a casa do sol e das ocasionais chuvas torrenciais. A ala reservada aos hóspedes é separada da ala destinada à família, porém ambas estão conectadas por uma ponte de 15 metros de extensão localizada sobre o pátio de entrada. Ao longo da casa há múltiplas acomodações e ambientes sociais, algumas formais, outras mais casuais. A piscina, a quadra de tênis, a jacuzzi, e a cozinha gourmet, completam a área de lazer e atendem plenamente as atividades de férias.

This holiday home sits on a capacious plot overlooking the sea at the front and, at the back, the Serra do Mar, covered with lush and peaceful Atlantic Forest, a landscape that was highly valued in the project to escape from the view of crowded beaches in the holiday seasons. The client requested a large and comfortable house, so the project incorporated the Prairie Houses concept of Frank Lloyd Wright in terms of use of spaces, and it was inspired by the roofs of the Brazilian colonial houses in Ouro Preto, Minas Gerais. Ample balconies protect the house from the sun and the occasional rain storms. The guest wing is separate from the family wing, and are both connected with a 15-meter bridge over the entrance patio. The home has multiple accommodations and social spaces, some formal, others more casual. The swimming pool, the tennis court, the Jacuzzi, and the outdoor kitchen and eating area form a leisure area for all the family's holiday activities.

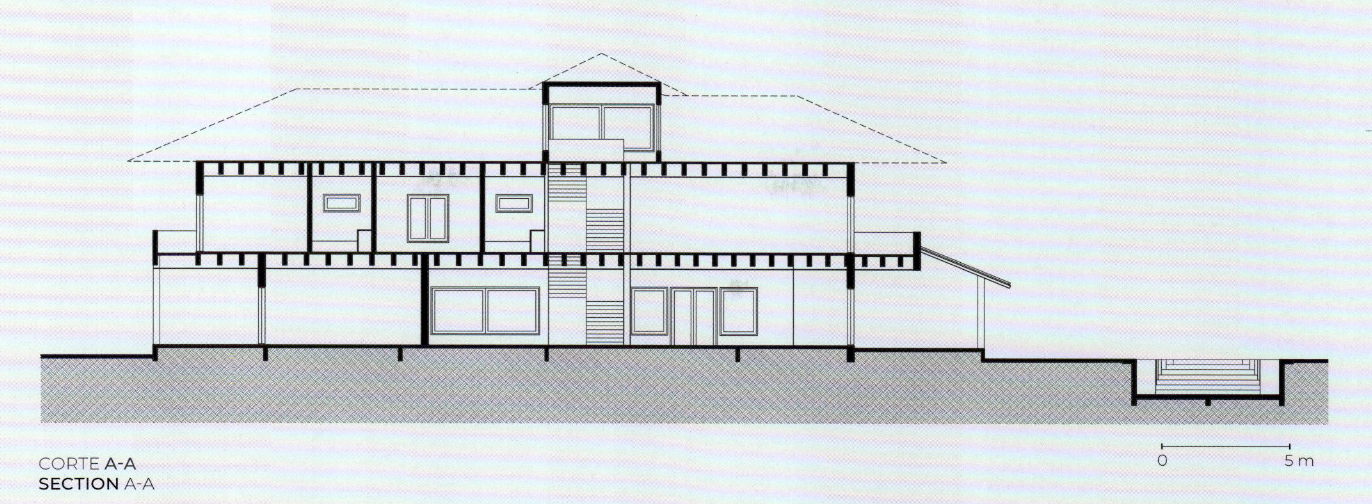

CORTE **A-A**
SECTION A-A

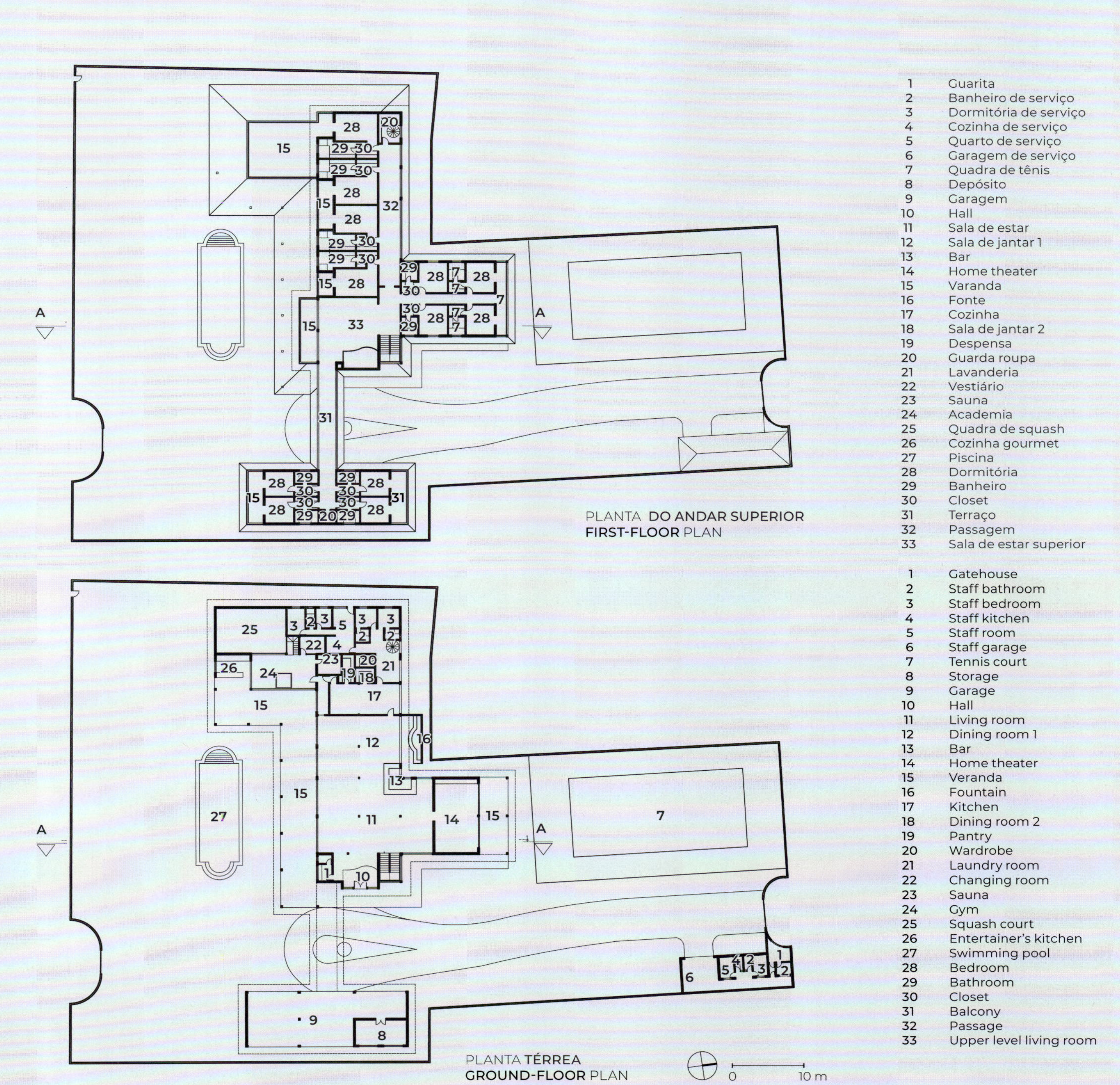

PLANTA **DO ANDAR SUPERIOR**
FIRST-FLOOR PLAN

1 Guarita
2 Banheiro de serviço
3 Dormitória de serviço
4 Cozinha de serviço
5 Quarto de serviço
6 Garagem de serviço
7 Quadra de tênis
8 Depósito
9 Garagem
10 Hall
11 Sala de estar
12 Sala de jantar 1
13 Bar
14 Home theater
15 Varanda
16 Fonte
17 Cozinha
18 Sala de jantar 2
19 Despensa
20 Guarda roupa
21 Lavanderia
22 Vestiário
23 Sauna
24 Academia
25 Quadra de squash
26 Cozinha gourmet
27 Piscina
28 Dormitória
29 Banheiro
30 Closet
31 Terraço
32 Passagem
33 Sala de estar superior

1 Gatehouse
2 Staff bathroom
3 Staff bedroom
4 Staff kitchen
5 Staff room
6 Staff garage
7 Tennis court
8 Storage
9 Garage
10 Hall
11 Living room
12 Dining room 1
13 Bar
14 Home theater
15 Veranda
16 Fountain
17 Kitchen
18 Dining room 2
19 Pantry
20 Wardrobe
21 Laundry room
22 Changing room
23 Sauna
24 Gym
25 Squash court
26 Entertainer's kitchen
27 Swimming pool
28 Bedroom
29 Bathroom
30 Closet
31 Balcony
32 Passage
33 Upper level living room

PLANTA **TÉRREA**
GROUND-FLOOR PLAN

Vista da varanda principal   Main veranda

Detalhe do spa Spa detail

Sala famíilia superior Family room on the first floor

Sala de estar principal Main living room

PRAIA DE IPORANGA

Localização **Guarujá, SP**
Uso principal **Moradia**
Imagens **Lew Parrella**
Área de construção **700 m²**
Área do terreno **2.390 m²**

Na bela praia de Iporanga, no Guarujá, a casa de 700 m² foi projetada em planta quadrada e tem pé direito duplo em seu centro. No pavimento térreo localiza-se a área social, desenhada em forma de quadrado; em duas faces desta área, em forma de L, encontram-se as dependências de serviço e ala íntima; no pavimento superior, os quartos. As outras duas fachadas deste quadrado, em L, são constituídas por um grande terraço que franqueia o imóvel e o interliga ao jardim e à piscina. O terraço e o quadrado central têm estrutura em madeira com telhas de barro, já as áreas dos quartos e de serviço são construídas com estrutura em concreto e alvenaria. Todos os ambientes da casa são integrados visualmente, formando um único espaço.

Location Guarujá, SP
Principal use Housing
Images Lew Parrella
Construction area 700 m²
Site area 2,390 m²

Located on the beautiful beach of Iporanga, in Guarujá, this home was designed on a square plan with a double-height ceiling in the center. On the ground floor, the social area is designed in grid form and the private wing and service area are located on two sides of this area, in an L shape. The bedrooms are located on the first floor. The other two sides of this grid, also in an L shape, contain a large terrace that opens the house and connects it to the garden and swimming pool. The terrace and central square have a wooden structure with clay tiles, whereas the rooms and service areas are built in a concrete and masonry structure. All the rooms are visually integrated and form a single space.

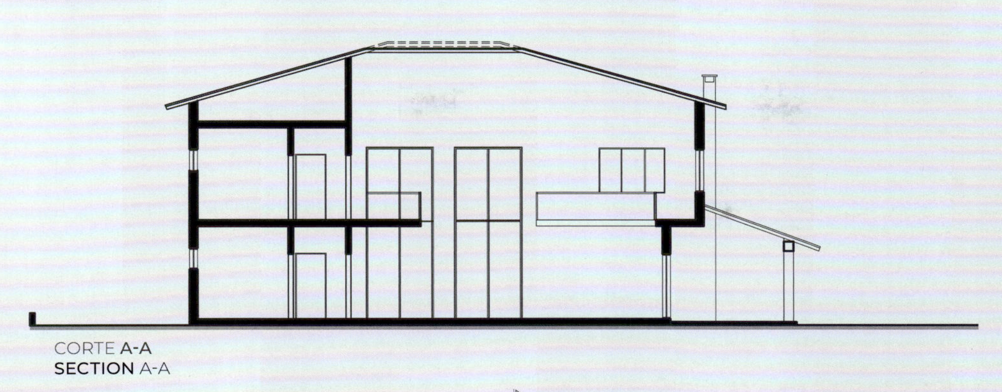

CORTE **A-A**
SECTION A-A

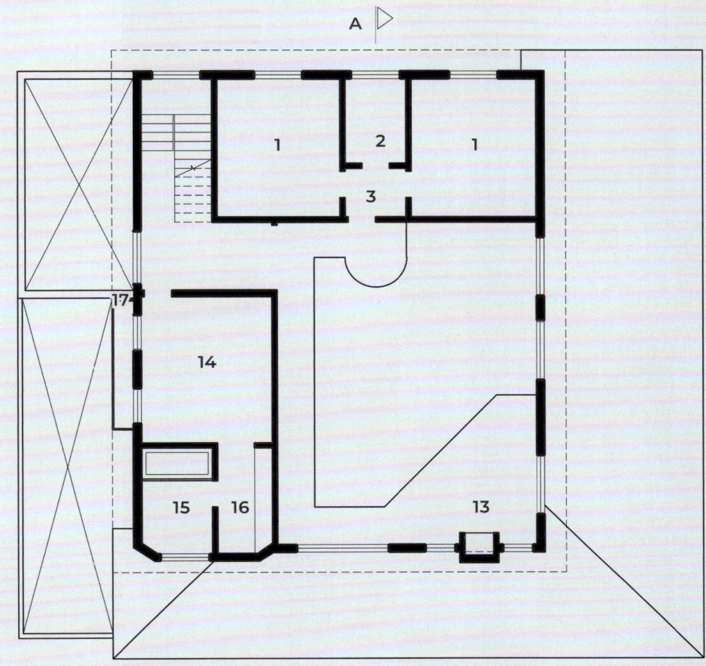

PLANTA **DO ANDAR SUPERIOR**
FIRST-FLOOR PLAN

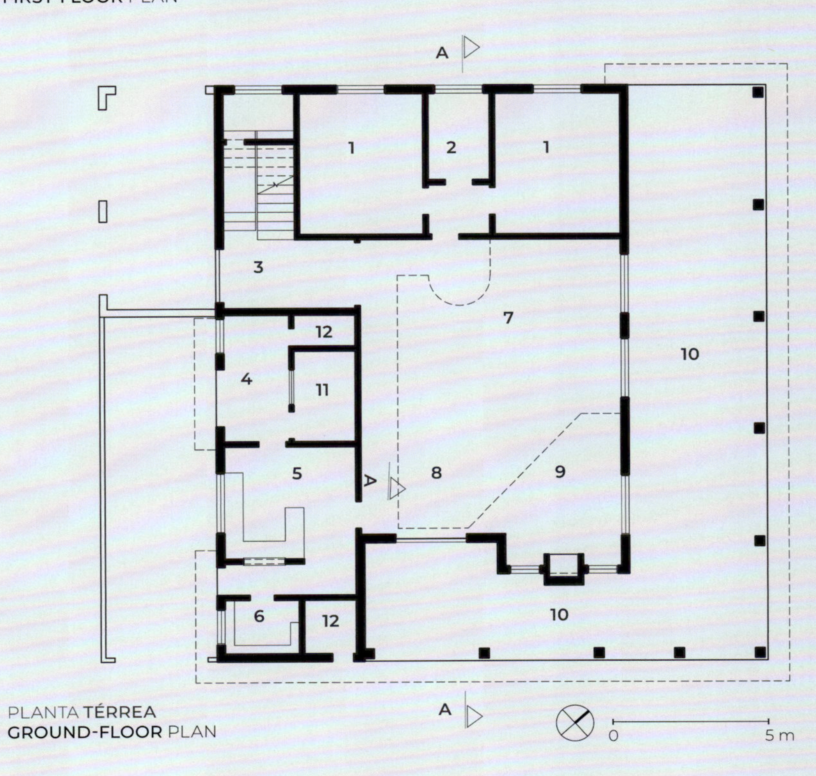

PLANTA **TÉRREA**
GROUND-FLOOR PLAN

ANDAR TÉRREO

1 Dormitório
2 Banheiro
3 Hall de entrada
4 Lavanderia
5 Cozinha
6 Despensa
7 Sala de estar
8 Sala de jantar
9 Sala da lareira
10 Varanda / loggia
11 Dormitório de serviço
12 Banheiro de serviço

ANDAR SUPERIOR

1 Dormitório
2 Banheiro
3 Hall
13 Mezanino
14 Suíte master
15 Banheiro master
16 Closet
17 Terraço / portia

GROUND FLOOR

1 Bedroom
2 Bathroom
3 Entrance hall
4 Laundry room
5 Kitchen
6 Pantry
7 Living room
8 Dining room
9 Fireplace room
10 Veranda
11 Staff bedroom
12 Staff bathroom

FIRST FLOOR

1 Bedroom
2 Bathroom
3 Hall
13 Mezzanine
14 Master bedroom
15 Master bathroom
16 Closet
17 Balcony

Detalhe do sala de estar e pé direito duplo   _iving room with double-height ceiling

Detalhe da área social e telhado vistos a partir do mezanino

Living room and roof view from the mezzanine

Detalhe do sala de estar e mezanino

Living room and mezzanine detail

APARTAMENTOS & EDIFÍCIOS

APARTMENTS & BUILDINGS

EDIFÍCIO BUILDING

1985 / 1989

CONDOMÍNIO VILLA ADRIANO E VILLA SAVOY

Localização **São Paulo, SP**
Uso principal **Moradia**
Imagens **Lew Parrella + Rômulo Fialdini**
Área construída **16.042 m²**
Área do terreno **3.700 m²**

Tendo como objetivo projetar edifícios tal como planta de casas, que permitem expansões e modificações no decorrer dos tempos, a proposta destes condomínios verticais foi concebida pouco após a visita do arquiteto à I Bienal de Arquitetura de Veneza, com o tema "La Presenza del Passato", e sofreu influência da exposição "La Strada Novissima", apresentada nesta Bienal. O projeto permite prédios com diferentes formatos de apartamentos, e foi dada aos clientes a chance de comprar uma área que lhes oferecesse a oportunidade de construir um apartamento com planta exclusiva tal qual uma casa: um, dois, e até mesmo três andares na cobertura, ou ainda um andar e meio, dividindo a metragem com outro cliente dentro dos mesmos moldes. A fachada livre permitiu que terraços e janelas fossem instaladas nos locais mais convenientes aos proprietários, apenas ficou determinado que deveriam se ater à linguagem visual da fachada (tijolos aparentes) e ao mesmo tipo de perfil de janelas (alumínio). A liberdade na divisão interna também foi garantida aos proprietários, tal como projetos de casas, não de apartamentos vendidos prontos. Os dois condomínios contíguos abrigam cinco prédios de nove andares cada, e vinte sete diferentes apartamentos: três edifícios com 320 m² de laje e outros dois com 220 m². Internamente, graças à planta livre e ao piso elevado, tal como em imóveis comerciais, o lay-out permitiu liberdade às áreas de serviço, cozinha, lavanderia e banheiros. Nos prédios há até mesmo circulação externa de andar para andar entre seus terraços, o que conferiu um novo significado às fachadas dos edifícios. Sete colunas localizadas na periferia dos prédios servem como shafts para as tubulações verticais de elétrica e hidráulica; no centro dos andares há uma só coluna interna para dar melhor sustentação à laje maciça, que serve de base para todos os apartamentos, sejam de um, dois ou três andares. Desde que habitados, 40% dos apartamentos já sofreram alterações internas e em suas fachadas e terraços, o que reforça a ideia inicial de um imóvel sempre aberto a todo tipo de necessidade de seus moradores, um projeto que não tem a pretensão de estabelecer uma planta definitiva e admite modificações, tal qual uma casa. O prédio incorpora uma linguagem eclética de arquitetura, tanto sob influência do trabalho de Phillip Jonhson em Nova York, o Sony Building, quanto da moderna arquitetura brasileira, com suas fachadas de tijolos e estruturas de concreto aparente.

Location São Paulo, SP
Principal use Housing
Images Lew Parrella + Rômulo Fialdini
Construction area 16,042 m²
Site area 3,700 m²

The proposal for these vertical condominiums was created a short time after the architect visited the 1st Venice Biennale of Architecture, entitled "La Presenza del Passato," and was greatly influenced by the exhibition "La Strada Novissima." The design enables the construction of buildings with different formats, thereby allowing expansion and modifications over the course of time. Clients were able to buy an area where they could build an apartment like a house with one, two, or even three stories on the top floor, or even a story and a half, shared with another client within the same template. The free façade enabled the addition of terraces and windows in the most convenient locations for the owners, without deviating from the visual language of the façade (bare brick) and the same type of window profile (aluminum). The owners were also free to choose the internal division like a house rather than an apartment. The two adjacent condominiums have five nine-story buildings and 27 different apartments: three buildings with 320 m² of concrete slab and two with 220 m² of concrete slab. Internally, due to the free-floor plan and the raised floor, similar to those of commercial buildings, the layout enabled freedom in the service areas, kitchen, laundry, and bathrooms. The buildings have external circulation from floor to floor between the terraces, which granted a new meaning to the façades. Seven columns in the outer walls of the buildings serve as axes for vertical water piping and electrical wiring. In the middle of the stories, a single internal column provides better support to the bulk slab, which serves as the basis for all apartments of one, two, or three stories. Since the residents moved in, 40% of the apartments have undergone internal modifications, as well as modifications to the façade and to the terraces, which reinforces the original idea of giving owners absolute freedom to make any changes they deemed necessary; a project that does not establish a final floor plan and enables the same modifications as a house. The building incorporates an eclectic architectural language, influenced both by the work of Philip Johnson in New York, on the Sony Building, and by modern Brazilian architecture, with its brick façades and concrete structure.

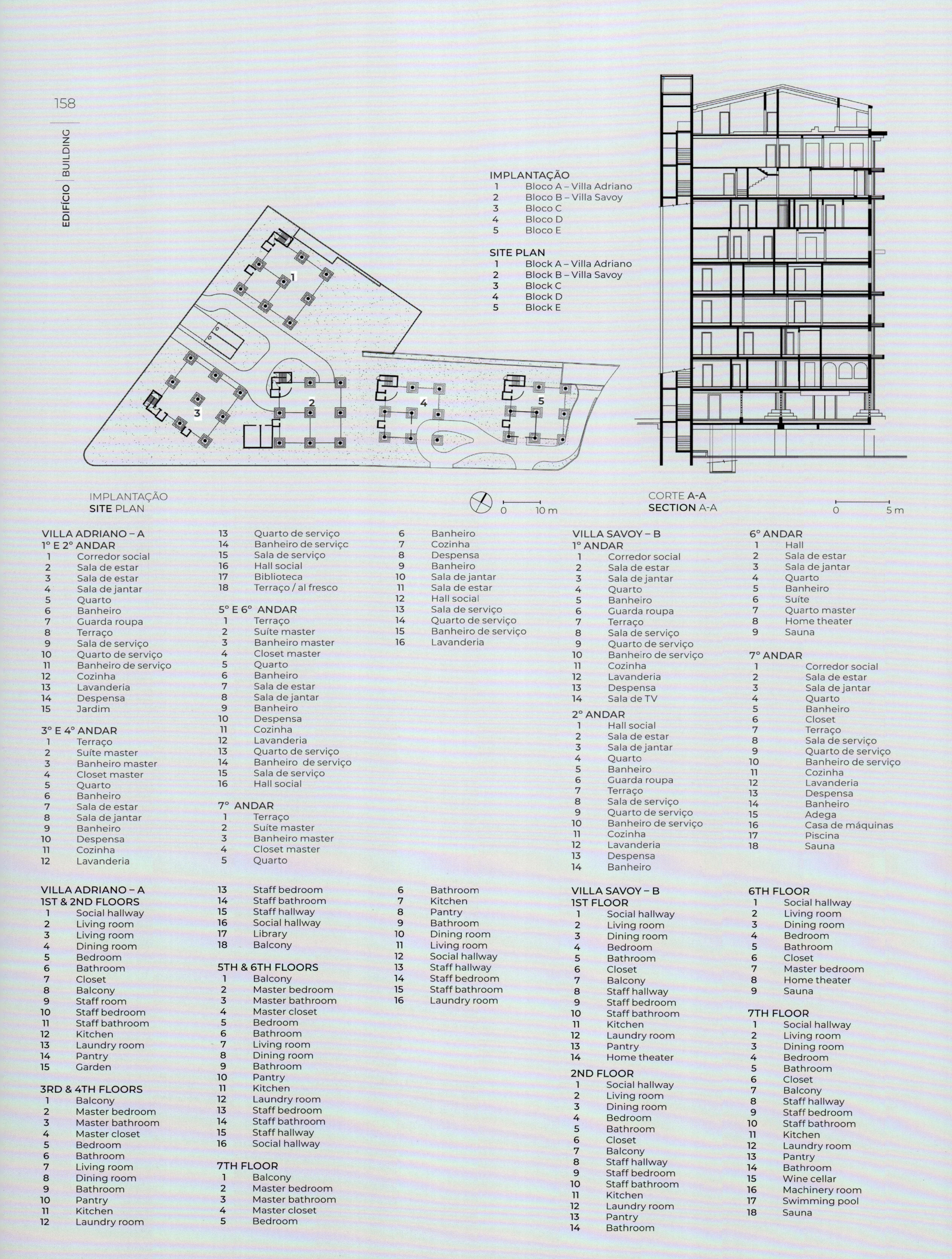

IMPLANTAÇÃO
1 Bloco A – Villa Adriano
2 Bloco B – Villa Savoy
3 Bloco C
4 Bloco D
5 Bloco E

SITE PLAN
1 Block A – Villa Adriano
2 Block B – Villa Savoy
3 Block C
4 Block D
5 Block E

IMPLANTAÇÃO
SITE PLAN

CORTE **A-A**
SECTION A-A

VILLA ADRIANO – A
1° E 2° ANDAR
1 Corredor social
2 Sala de estar
3 Sala de estar
4 Sala de jantar
5 Quarto
6 Banheiro
7 Guarda roupa
8 Terraço
9 Sala de serviço
10 Quarto de serviço
11 Banheiro de serviço
12 Cozinha
13 Lavanderia
14 Despensa
15 Jardim

3° E 4° ANDAR
1 Terraço
2 Suíte master
3 Banheiro master
4 Closet master
5 Quarto
6 Banheiro
7 Sala de estar
8 Sala de jantar
9 Banheiro
10 Despensa
11 Cozinha
12 Lavanderia
13 Quarto de serviço
14 Banheiro de serviçc
15 Sala de serviço
16 Hall social
17 Biblioteca
18 Terraço / al fresco

5° E 6° ANDAR
1 Terraço
2 Suíte master
3 Banheiro master
4 Closet master
5 Quarto
6 Banheiro
7 Sala de estar
8 Sala de jantar
9 Banheiro
10 Despensa
11 Cozinha
12 Lavanderia
13 Quarto de serviço
14 Banheiro de serviço
15 Sala de serviço
16 Hall social

7° ANDAR
1 Terraço
2 Suíte master
3 Banheiro master
4 Closet master
5 Quarto
6 Banheiro
7 Cozinha
8 Despensa
9 Banheiro
10 Sala de jantar
11 Sala de estar
12 Hall social
13 Sala de serviço
14 Quarto de serviço
15 Banheiro de serviço
16 Lavanderia

VILLA SAVOY – B
1° ANDAR
1 Corredor social
2 Sala de estar
3 Sala de jantar
4 Quarto
5 Banheiro
6 Guarda roupa
7 Terraço
8 Sala de serviço
9 Quarto de serviço
10 Banheiro de serviço
11 Cozinha
12 Lavanderia
13 Despensa
14 Sala de TV

2° ANDAR
1 Hall social
2 Sala de estar
3 Sala de jantar
4 Quarto
5 Banheiro
6 Guarda roupa
7 Terraço
8 Sala de serviço
9 Quarto de serviço
10 Banheiro de serviço
11 Cozinha
12 Lavanderia
13 Despensa
14 Banheiro

6° ANDAR
1 Hall
2 Sala de estar
3 Sala de jantar
4 Quarto
5 Banheiro
6 Suíte
7 Quarto master
8 Home theater
9 Sauna

7° ANDAR
1 Corredor social
2 Sala de estar
3 Sala de jantar
4 Quarto
5 Banheiro
6 Closet
7 Terraço
8 Sala de serviço
9 Quarto de serviço
10 Banheiro de serviço
11 Cozinha
12 Lavanderia
13 Despensa
14 Banheiro
15 Adega
16 Casa de máquinas
17 Piscina
18 Sauna

VILLA ADRIANO – A
1ST & 2ND FLOORS
1 Social hallway
2 Living room
3 Living room
4 Dining room
5 Bedroom
6 Bathroom
7 Closet
8 Balcony
9 Staff room
10 Staff bedroom
11 Staff bathroom
12 Kitchen
13 Laundry room
14 Pantry
15 Garden

3RD & 4TH FLOORS
1 Balcony
2 Master bedroom
3 Master bathroom
4 Master closet
5 Bedroom
6 Bathroom
7 Living room
8 Dining room
9 Bathroom
10 Pantry
11 Kitchen
12 Laundry room
13 Staff bedroom
14 Staff bathroom
15 Staff hallway
16 Social hallway
17 Library
18 Balcony

5TH & 6TH FLOORS
1 Balcony
2 Master bedroom
3 Master bathroom
4 Master closet
5 Bedroom
6 Bathroom
7 Living room
8 Dining room
9 Bathroom
10 Pantry
11 Kitchen
12 Laundry room
13 Staff bedroom
14 Staff bathroom
15 Staff hallway
16 Social hallway

7TH FLOOR
1 Balcony
2 Master bedroom
3 Master bathroom
4 Master closet
5 Bedroom
6 Bathroom
7 Kitchen
8 Pantry
9 Bathroom
10 Dining room
11 Living room
12 Social hallway
13 Staff hallway
14 Staff bedroom
15 Staff bathroom
16 Laundry room

VILLA SAVOY – B
1ST FLOOR
1 Social hallway
2 Living room
3 Dining room
4 Bedroom
5 Bathroom
6 Closet
7 Balcony
8 Staff hallway
9 Staff bedroom
10 Staff bathroom
11 Kitchen
12 Laundry room
13 Pantry
14 Home theater

2ND FLOOR
1 Social hallway
2 Living room
3 Dining room
4 Bedroom
5 Bathroom
6 Closet
7 Balcony
8 Staff hallway
9 Staff bedroom
10 Staff bathroom
11 Kitchen
12 Laundry room
13 Pantry
14 Bathroom

6TH FLOOR
1 Social hallway
2 Living room
3 Dining room
4 Bedroom
5 Bathroom
6 Closet
7 Master bedroom
8 Home theater
9 Sauna

7TH FLOOR
1 Social hallway
2 Living room
3 Dining room
4 Bedroom
5 Bathroom
6 Closet
7 Balcony
8 Staff hallway
9 Staff bedroom
10 Staff bathroom
11 Kitchen
12 Laundry room
13 Pantry
14 Bathroom
15 Wine cellar
16 Machinery room
17 Swimming pool
18 Sauna

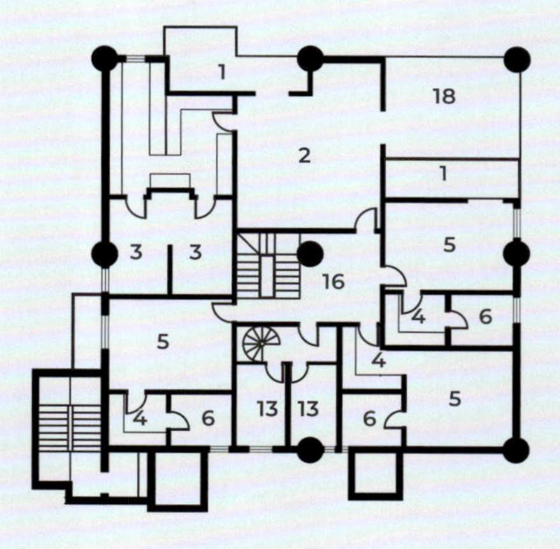

BLOCO A – **PLANTA** 4º ANDAR
BLOCK A – FOURTH-FLOOR PLAN

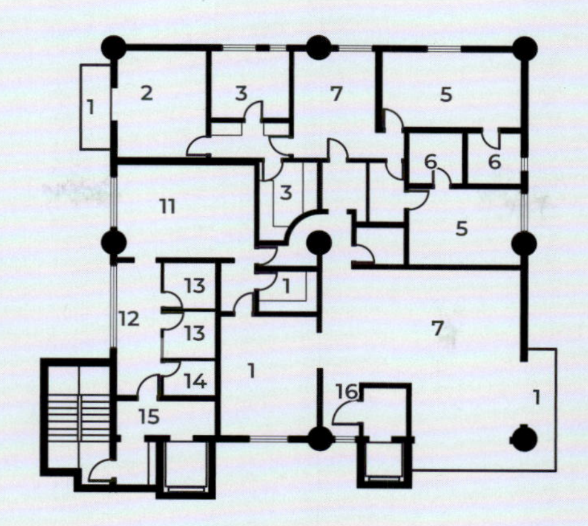

BLOCO A – **PLANTA** 5º E 6º ANDAR
BLOCK A – FIFTH- AND SIXTH-FLOOR PLAN

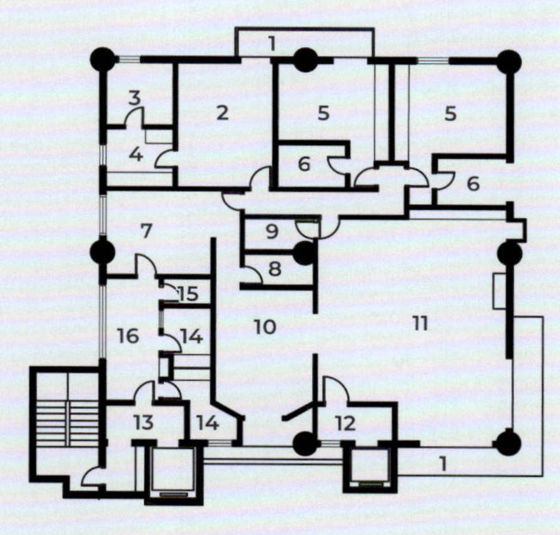

BLOCO A – **PLANTA** 7º ANDAR
BLOCK A – SEVENTH-FLOOR PLAN

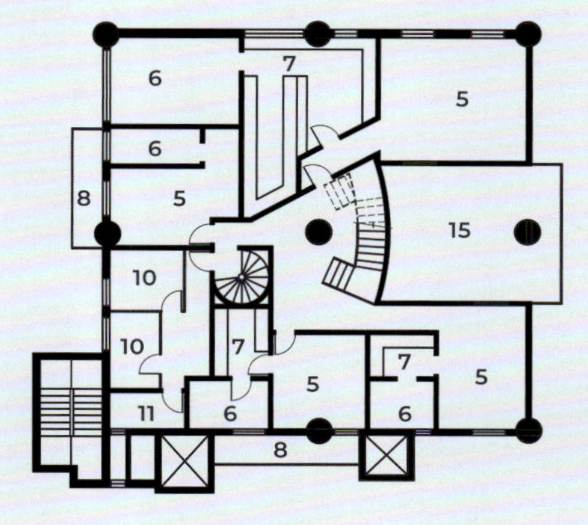

BLOCO A – **PLANTA** 1º ANDAR
BLOCK A – FIRST-FLOOR PLAN

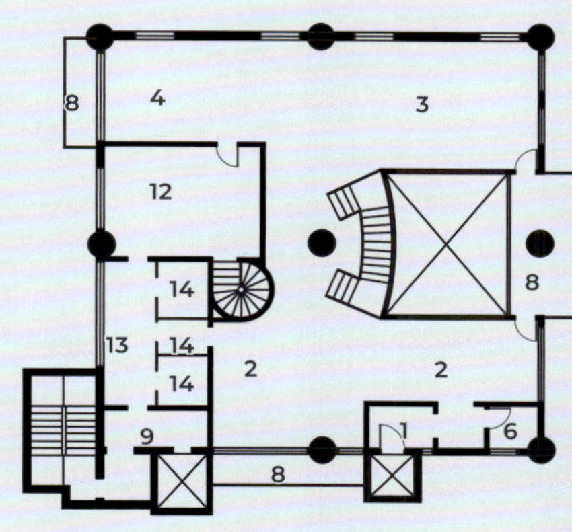

BLOCO A – **PLANTA** 2º ANDAR
BLOCK A – SECOND-FLOOR PLAN

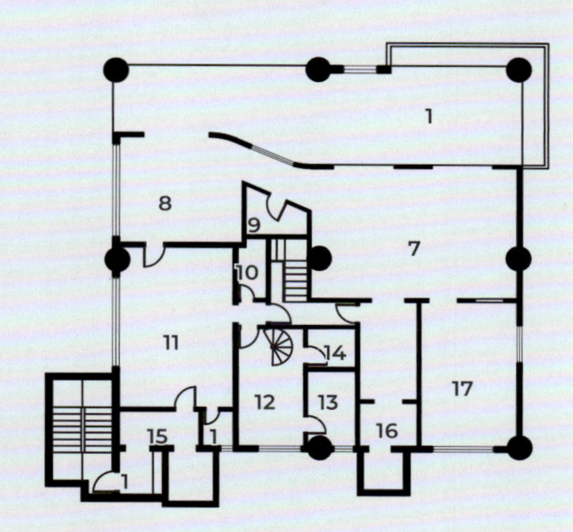

BLOCO A – **PLANTA** 3º ANDAR
BLOCK A – THIRD-FLOOR PLAN

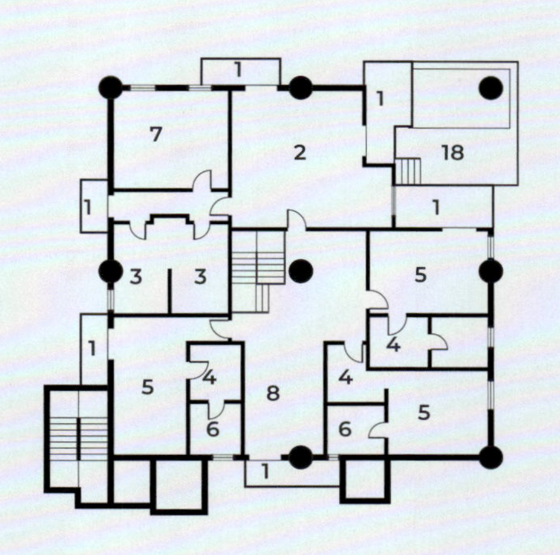

BLOCO B – **PLANTA** 6º ANDAR
BLOCK B – SIXTH-FLOOR PLAN

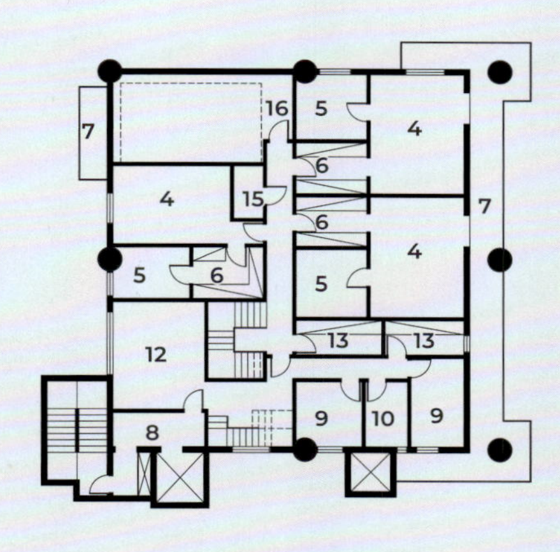

BLOCO B – **PLANTA** 7º ANDAR
BLOCK B – SEVENTH-FLOOR PLAN

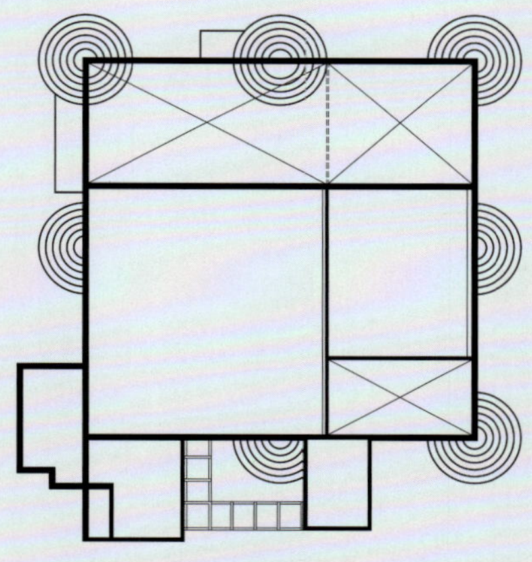

BLOCO B – **PLANTA** DO TELHADO
BLOCK B – ROOF-TOP PLAN

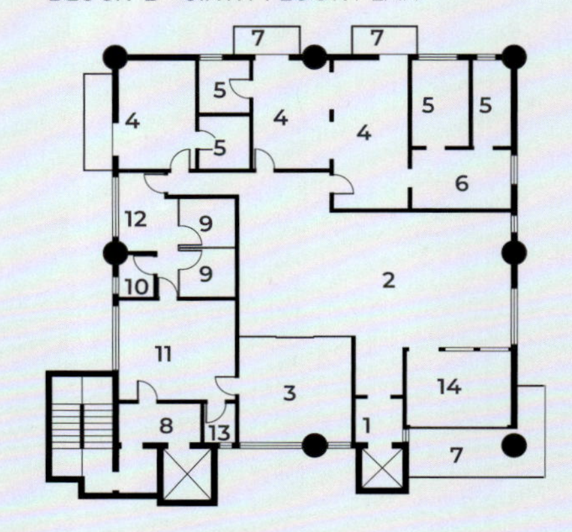

BLOCO B – **PLANTA** 1º ANDAR
BLOCK B – FIRST-FLOOR PLAN

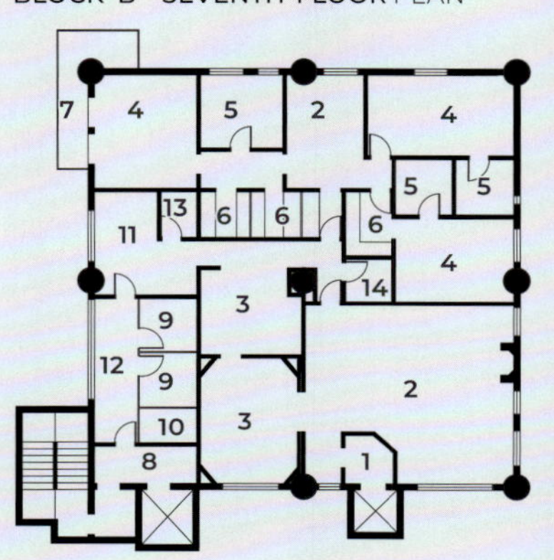

BLOCO B – **PLANTA** 2º ANDAR
BLOCK B – SECOND-FLOOR PLAN

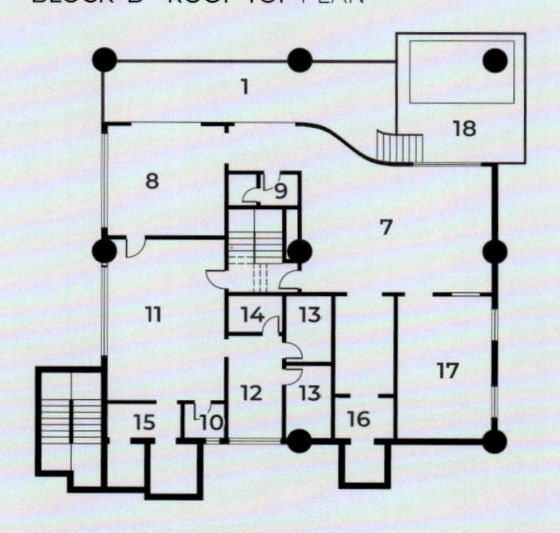

BLOCO B – **PLANTA** 5º ANDAR
BLOCK B – FIFTH-FLOOR PLAN

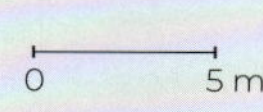

Fachada do bloco D com as escadas externas

Building D façade with external stairs

Fachada do bloco D com as escadas externas

Building D façade with external stairs

Fachada com detalhe das torres com elevadores e casa de máquinas, e passarela entre elas

Façade with elevator towers, machinery room, and walkway

Detalhe da escadaria e dutos dos elevadores

Stairs and elevator shafts detail

Sala de estar com pé direito duplo

Living room with double-height ceiling

Apartamento com pátio interno central e pé direito duplo

Apartment with central patio and double-height ceiling

Detalhe de uma piscina interna e pátio com pé direito duplo

Internal pool and double-height ceiling patio detail

Terraço coberto com pé direito duplo

Covered terrace with double-height ceiling

EDIFÍCIO GIUSEPPE FIORELLI

Localização **São Paulo, SP**
Uso principal **Moradia**
Imagens **Rômulo Fialdini**
Área construída **16.042 m²**
Área do terreno **3.700 m²**

Quase cinco anos após a construção dos condomínios Villa Adriano e Villa Savoy, o prédio, com linhas simples e puras, foi projetado sob mesma proposta que os predecessores no que diz respeito às possibilidades de modificações e adaptações de espaços internos e fachadas: a grande preocupação do projeto foi o compromisso com a liberdade, a planta livre. Os apartamentos, todos de dois andares e 250 m² de laje, foram projetados sem colunas internas: a estrutura localiza-se somente na periferia do prédio; ainda, o piso elevado e shafts para a tubulação elétrica e hidráulica possibilitam a criação de diferentes ambientes nos apartamentos.

Location São Paulo, SP
Principal use Housing
Images Rômulo Fialdini
Construction area 16,042 m²
Site area 3,700 m²

Nearly five years after the construction of the Villa Adriano and Villa Savoy condos, this building, with its pure and simple lines, was designed based on the same proposal as its predecessors in terms of allowing modifications and adaptations to the internal spaces and façades. The major concern of the architect was a commitment to freedom and a free-floor plan. The apartments, all with two floors and 250 m² of concrete slab, were designed without internal columns; the structure is only in the outer walls of the building. The raised floor and shafts for electric wiring and hydraulic tubing enable the creation of different areas in the apartments.

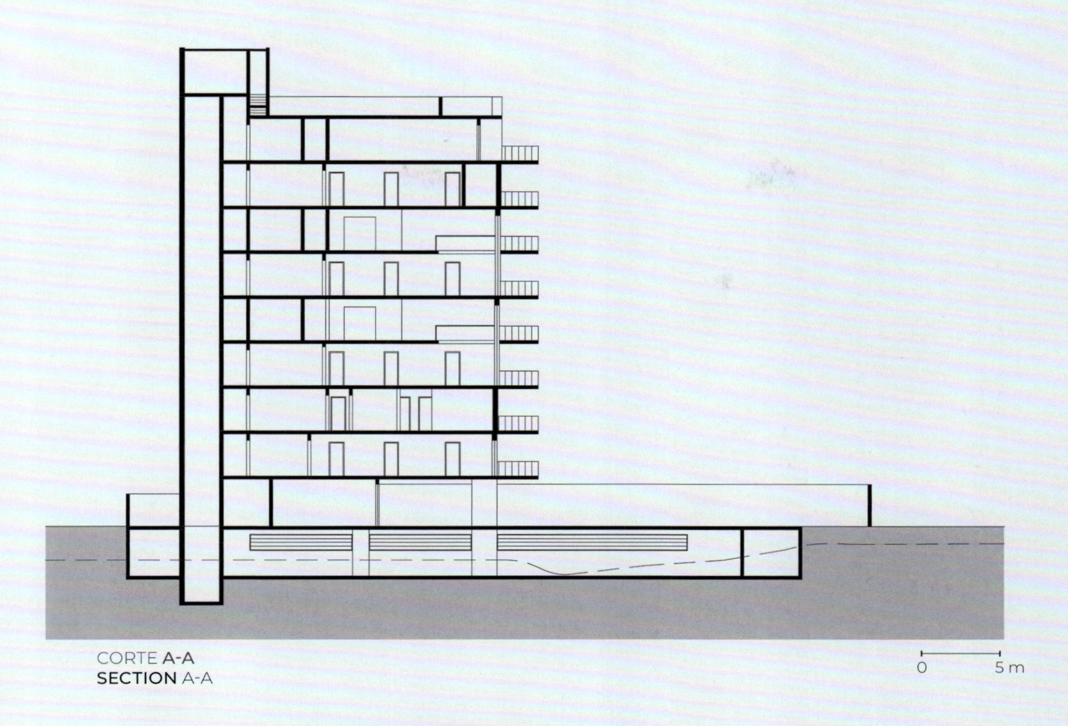

CORTE A-A
SECTION A-A

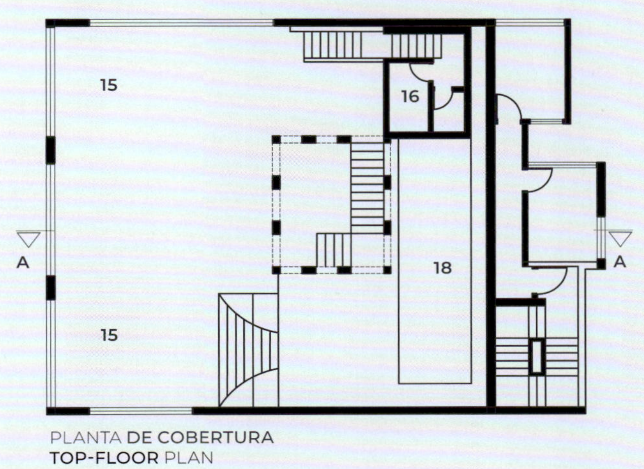

PLANTA DE COBERTURA
TOP-FLOOR PLAN

1	Suíte master	1	Master bedroom
2	Banheiro master	2	Master bathroom
3	Closet casal	3	Master closet
4	Dormitório	4	Bedroom
5	Banheiro	5	Bathroom
6	Closet	6	Closet
7	Banheiro serviço	7	Staff bathroom
8	Dormitório serviço	8	Staff bedroom
9	Rouparia	9	Linen closet
10	Terraço	10	Balcony
11	Hall social	11	Social hall
12	Lavanderia	12	Laundry room
13	Cozinha	13	Kitchen
14	Sala de jantar	14	Dining room
15	Sala de estar	15	Living room
16	Lavabo	16	Powder room
17	Galeria	17	Foyer
18	Piscina	18	Swimming pool

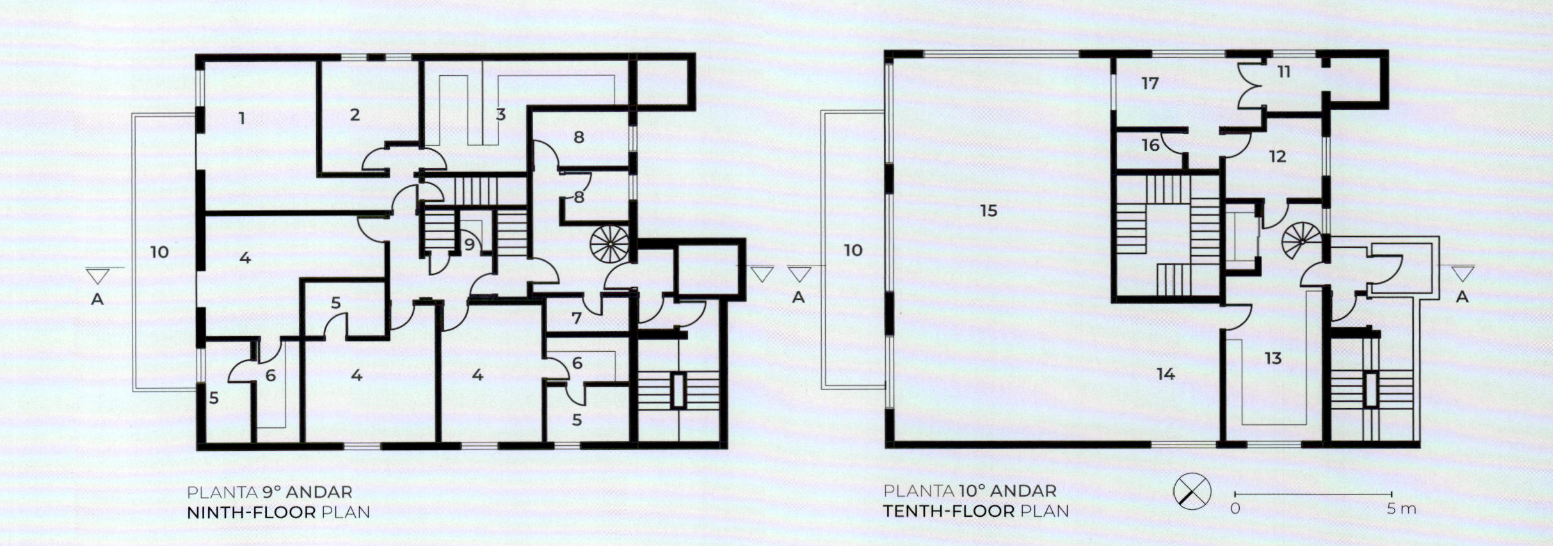

PLANTA 9° ANDAR
NINTH-FLOOR PLAN

PLANTA 10° ANDAR
TENTH-FLOOR PLAN

120

VISITANTE
IDENTIFIQUE-SE
COM O PORTEIRO

Fachada principal Main façade

Detalhe dos terraços View of balconies

Detalhe dos terraços View of balconies

Fachada lateral esquerda  Left side façade

Detalhe da área técnica do prédio Technical area of the building

Detalhe da sala de estar Living room

Detalhe da sala de estar Living room

Detalhe da cobertura com piscina e teto deslizante em alumínio e vidro

Penthouse terrace with sliding roof and pool

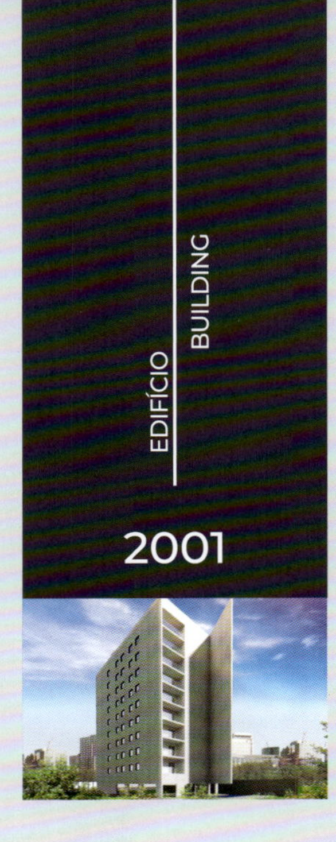

RUA JOSÉ JANNARELLI

Localização **São Paulo, SP**
Uso principal **Moradia**
Imagens **João Araújo + AL.MA Estúdio**
Área construída **38.262 m²**
Área do terreno **1.031 m²**

O projeto foi desenvolvido para ser edificado ao lado do Condomínio Villa Palladio, com um lapso temporal de quinze anos entre ambos. Com apartamentos de 362 m² de laje, esta proposta expressa uma linguagem arquitetônica bem diversa dos demais edifícios situados na mesma região: é uma releitura da planta dos apartamentos do Villa Palladio, porém, no caso, foram somadas novas tecnologias, o que conferiu originalidade ao projeto. Internamente o edifício se assemelha a seu vizinho, exceto pela existência de um dormitório a mais. A forma curva da fachada é um diferencial deste prédio.

Location São Paulo, SP
Principal use Housing
Images João Araújo + AL.MA Estúdio
Construction area 38,262 m²
Site area 1,031 m²

This project was designed for construction next to the Villa Palladio Condo, with a gap of 15 years between them. This proposal, based on apartments with 362 m² of concrete slab, has a very different architectural language to other buildings in the same region. It is a reinterpretation of the Villa Palladio apartment floor plan; however, in this case, new technologies were added to confer originality to the project. Internally, the building resembles its neighbor, except for the extra bedroom. The curved façade is a unique feature of this building.

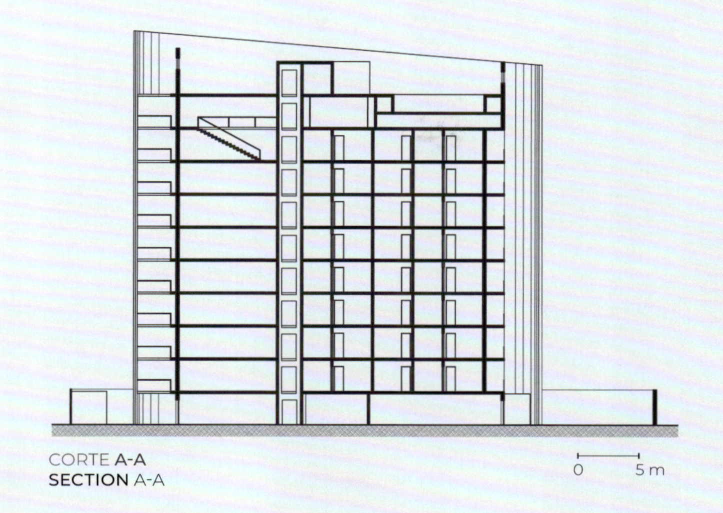

CORTE **A-A**
SECTION A-A

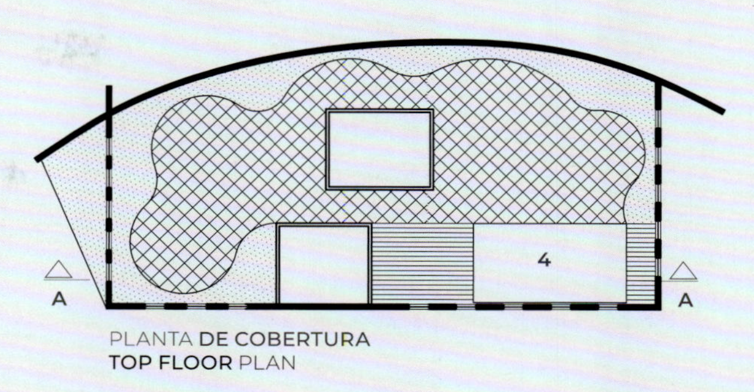

PLANTA **DE COBERTURA**
TOP FLOOR PLAN

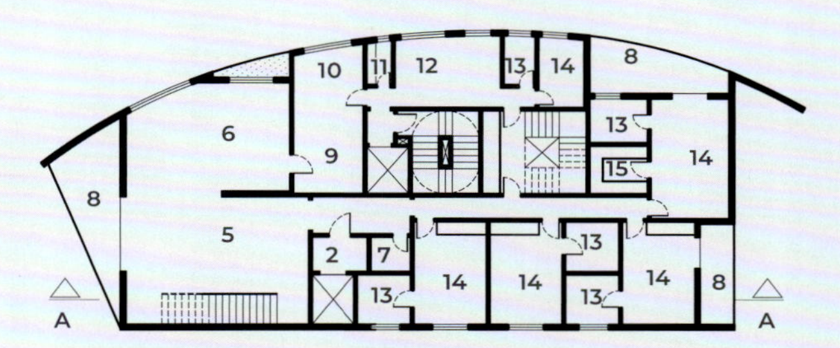

PLANTA **2º ANDAR DUPLEX**
SECOND-FLOOR DUPLEX PLAN

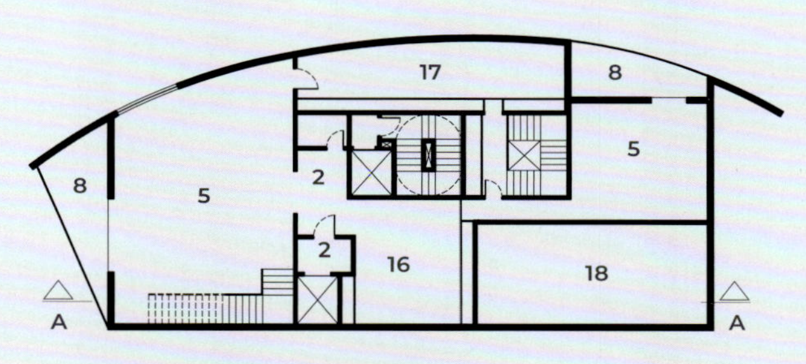

PLANTA **2º ANDAR DUPLEX**
SECOND-FLOOR DUPLEX PLAN

PLANTA **TIPO**
TYPICAL FLOOR DUPLEX PLAN

1 Guarita
2 Hall
3 Salão de festas
4 Piscina
5 Sala de estar
6 Sala de jantar
7 Lavabo
8 Terraço
9 Copa
10 Cozinha
11 Despensa
12 Lavanderia
13 Banheiro
14 Dormitório
15 Closet
16 Home theater
17 Biblioteca
18 Área técnica

1 Gatehouse
2 Hall
3 Ballroom
4 Swimming pool
5 Living room
6 Dining room
7 Powder room
8 Balcony
9 Breakfast room
10 Kitchen
11 Pantry
12 Laundry room
13 Bathroom
14 Bedroom
15 Closet
16 Home theater
17 Library
18 Technical area

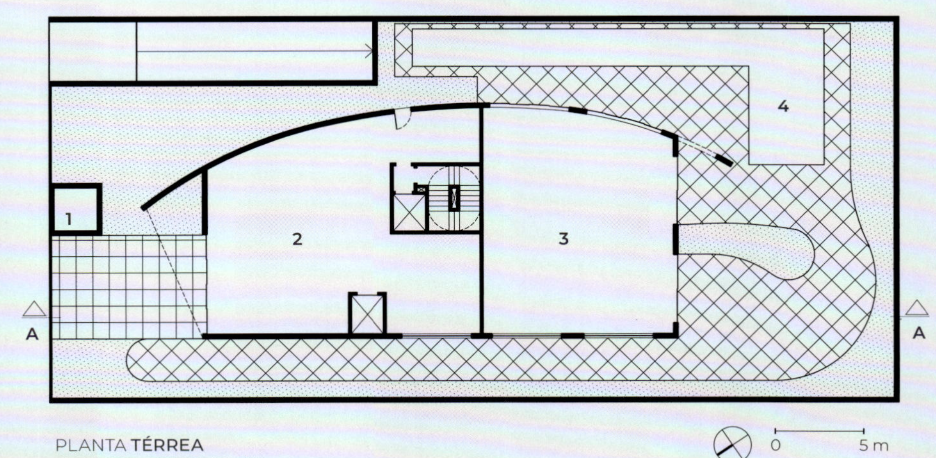

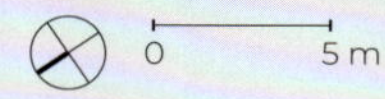

PLANTA **TÉRREA**
GROUND-FLOOR PLAN

Fachada lateral esquerda   Left-hand-side façade

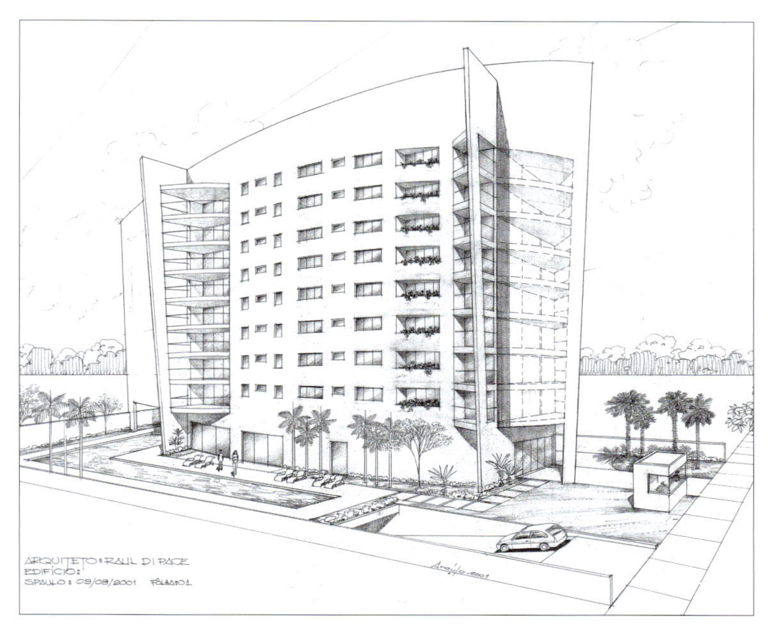

Vista geral do prédio Main façade

Fachada lateral direita e posterior do prédio Right-hand-side and rear façade

Fachada lateral direita Right-hand-side façade

RUA CASTILHO CABRAL

Localização **São Paulo, SP**
Uso principal **Moradia**
Imagens **João Araújo**
Área construída **1.405 m²**
Área do terreno **618 m²**

O edifício foi projetado para um terreno relativamente pequeno, que mede cerca de 600 m²: com quatro andares de 130 m² cada, o prédio remete à obra de Oscar Niemeyer em Belo Horizonte, o Edifício Paulo Niemeyer. A fachada é totalmente em vidro e protegida por "Brise Soleil", que não só a protege do sol, mas também confere maior privacidade aos moradores, uma vez que o interior dos apartamentos pode ser avistado por pedestres e por moradores de prédios vizinhos. O projeto do edifício buscou otimizar seu funcionamento, para que utilize o menor número de serviços de zeladoria e portaria possível, assim diminuindo os custos de condomínio. Com planta livre, o edifício tem teto terraço que abriga uma pérgola, pensada de maneira a ser futuramente fechada por planta trepadeira, como por exemplo a primavera, o que atenuaria os raios de sol e traria cor para esse ambiente.

Location São Paulo, SP
Principal use Housing
Images João Araújo
Construction area 1,405 m²
Site area 618 m²

This building was designed for a relatively small plot of land, of around 600 m² and it has four floors of 130 m² each. It refers to the work of Oscar Niemeyer in Belo Horizonte, the Niemeyer Building. The façade is entirely in glass and protected with brise-soleil, which not only shields against sunlight, but also affords greater privacy to the residents, since the interior would otherwise be visible to pedestrians and residents of neighboring buildings. The project optimizes functionality to reduce the number of janitorial and reception services as much as possible, which also cuts condominium expenses. With a free-floor plan, the building's roof terrace has a pergola that may be closed with a climbing plant such as a bougainvillea in the future to attenuate the sun rays and bring color into the environment.

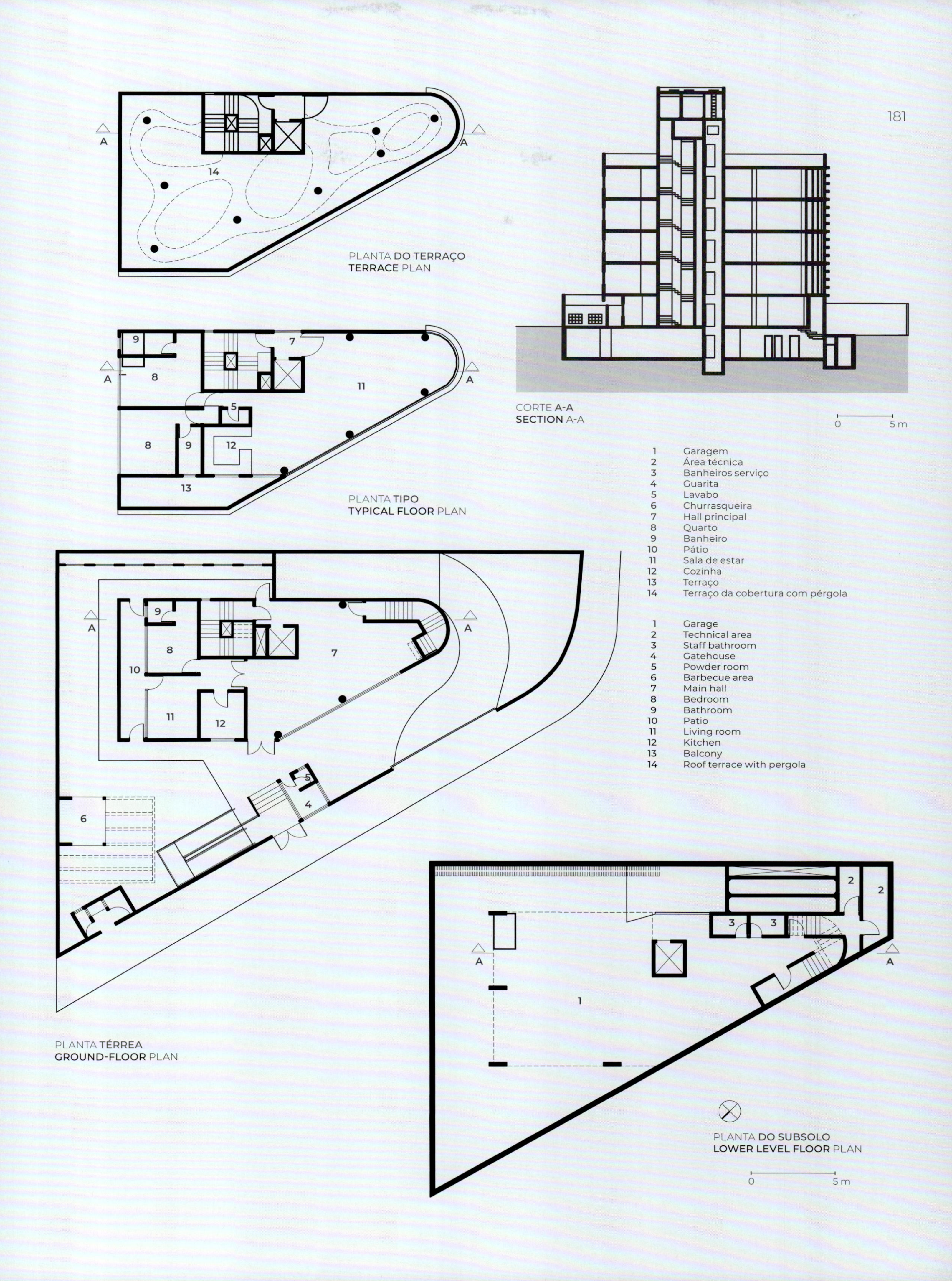

PLANTA DO TERRAÇO
TERRACE PLAN

PLANTA TIPO
TYPICAL FLOOR PLAN

CORTE A-A
SECTION A-A

PLANTA TÉRREA
GROUND-FLOOR PLAN

PLANTA DO SUBSOLO
LOWER LEVEL FLOOR PLAN

1 Garagem
2 Área técnica
3 Banheiros serviço
4 Guarita
5 Lavabo
6 Churrasqueira
7 Hall principal
8 Quarto
9 Banheiro
10 Pátio
11 Sala de estar
12 Cozinha
13 Terraço
14 Terraço da cobertura com pérgola

1 Garage
2 Technical area
3 Staff bathroom
4 Gatehouse
5 Powder room
6 Barbecue area
7 Main hall
8 Bedroom
9 Bathroom
10 Patio
11 Living room
12 Kitchen
13 Balcony
14 Roof terrace with pergola

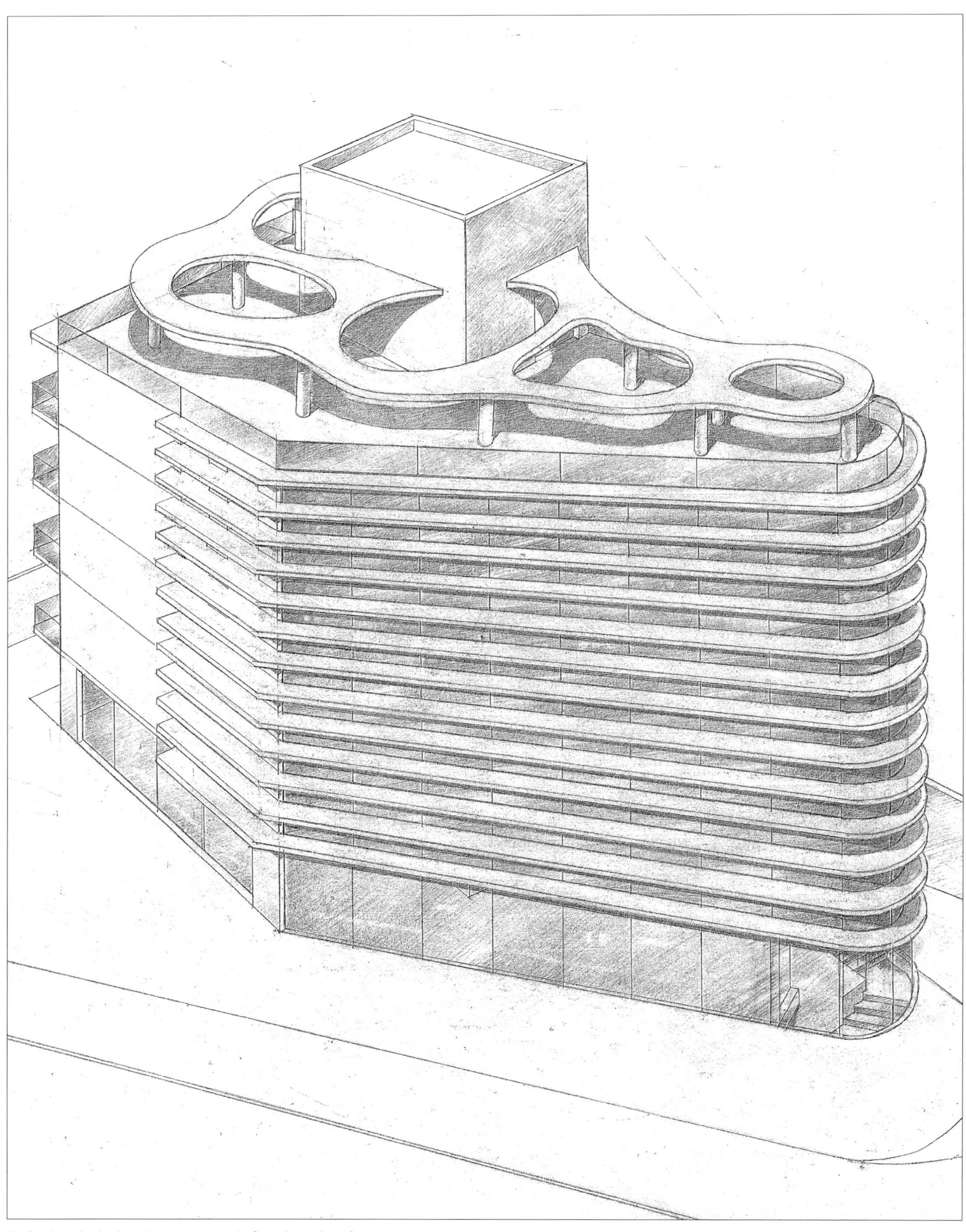

Fachada principal e cobertura   Main façade and roof

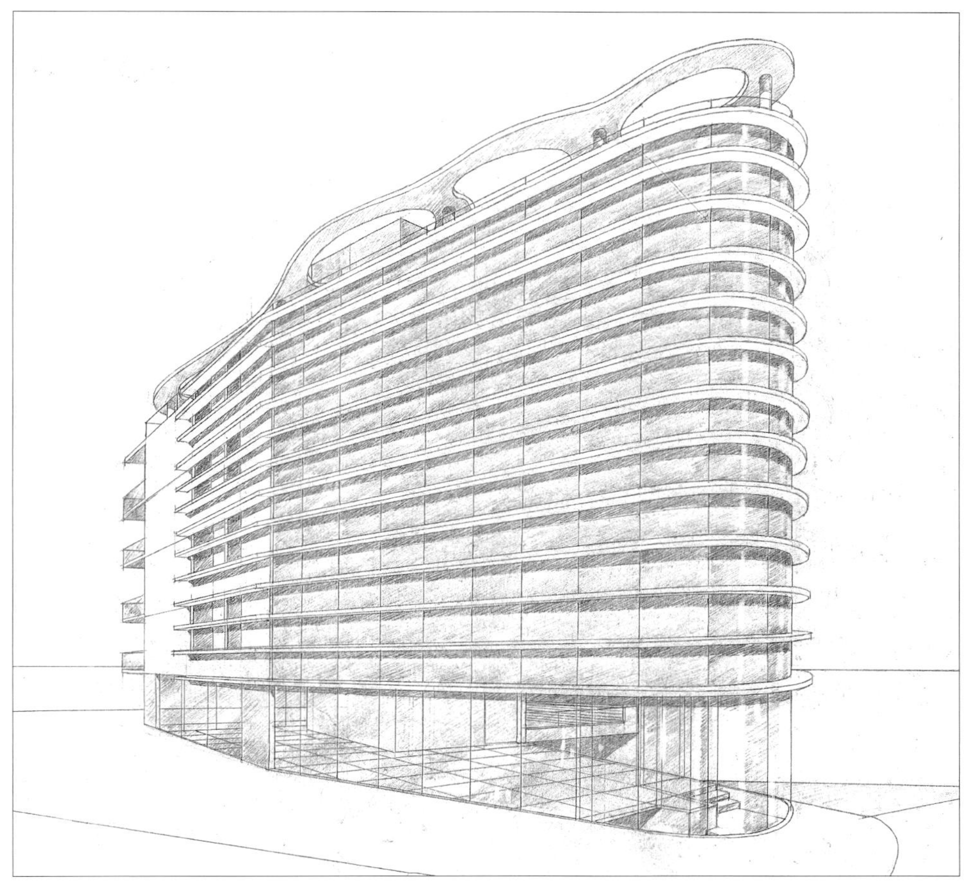

Fachada principal Main façade

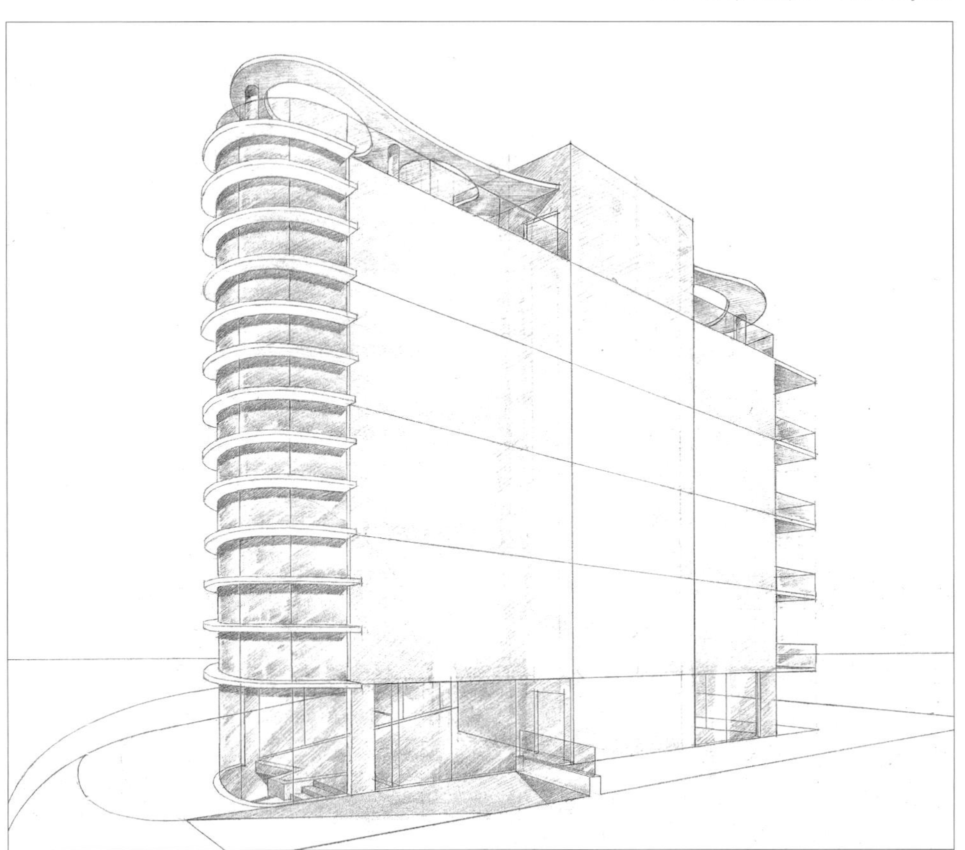

Fachada posterior Rear façade

APARTAMENTO
APARTMENT

1994

RUA CASTILHO CABRAL

Localização **São Paulo, SP**
Uso principal **Moradia**
Imagens **Rômulo Fialdini**
Área construída **640 m²**
Área do terreno **1.000 m²**

No apartamento duplex de 640 m² no condomínio Villa Adriano, os ambientes giram em torno de um quadrado com pé direito duplo, que une visualmente todas as áreas do imóvel: a ala social e parte dos espaços de serviço situam-se no piso térreo; a ala íntima e demais serviços no pavimento superior. Sempre se teve como objetivo primordial a preocupação com a entrada da luz natural, que no caso, inunda todos os ambientes. A circulação vertical serve como elemento escultural no centro do apartamento, que tem como grande atrativo em sua cobertura a vista de 360 graus para a cidade de São Paulo.

Location São Paulo, SP
Principal use Housing
Images Rômulo Fialdini
Construction area 640 m²
Site area 1,000 m²

This spacious duplex apartment in the Villa Adriano Savoy condo revolves around a square with a double-height ceiling that visually joins all the areas of the property. The social wing and part of the service spaces are located on the first level floor, while the private rooms and other service areas are on the upper level. The primary goal was to allow for plenty of natural light which, in this case, floods all environments. Vertical circulation serves as a sculptural element in the center of the apartment, which has an incredible 360-degree view of the city of São Paulo.

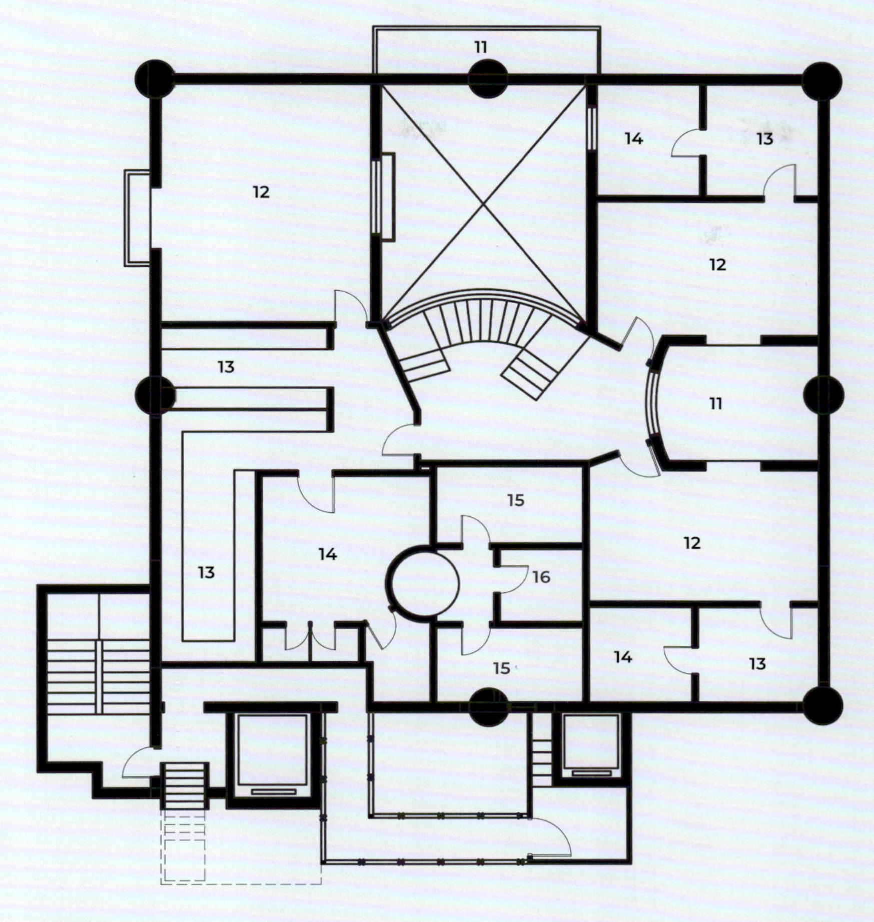

PLANTA DO 9º ANDAR
NINTH-FLOOR PLAN

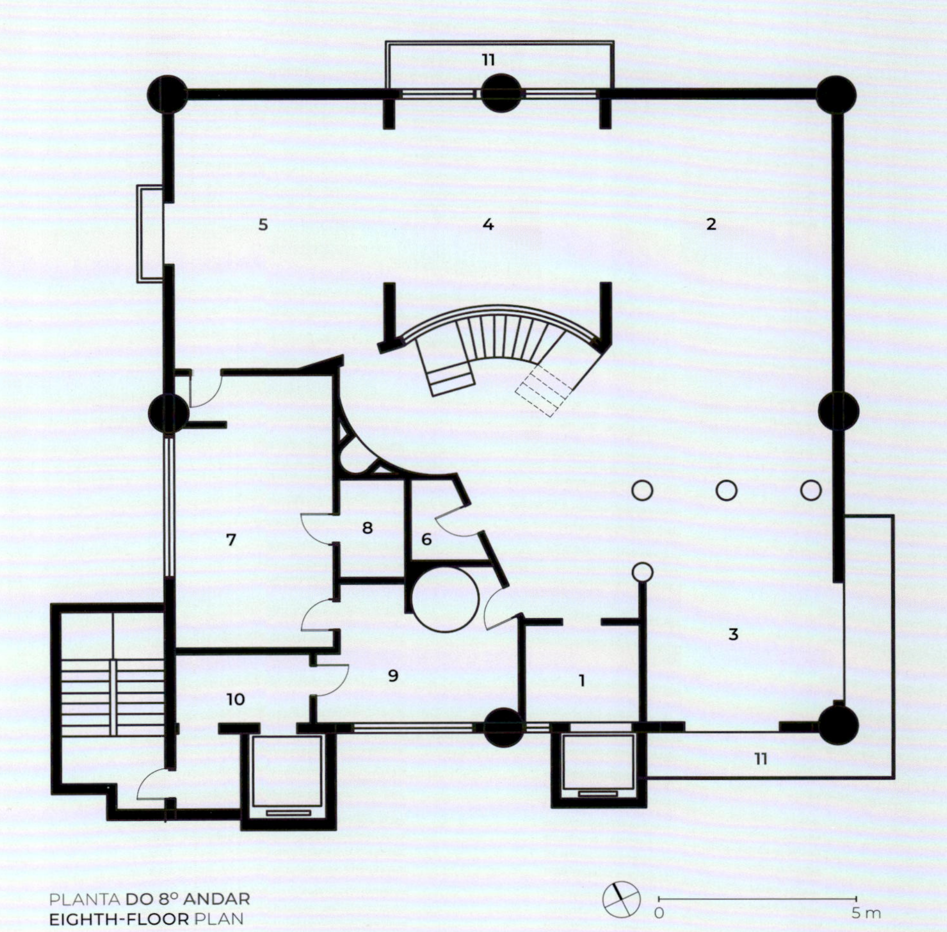

PLANTA DO 8º ANDAR
EIGHTH-FLOOR PLAN

1 Hall social
2 Sala de estar
3 Biblioteca
4 Sala de estar com pé direito duplo
5 Sala de jantar
6 Lavabo
7 Cozinha
8 Despensa
9 Lavanderia
10 Hall de serviço
11 Terraço
12 Quarto
13 Closet
14 Banheiro
15 Quarto serviço
16 Banheiro de serviço

1 Hall
2 Living room
3 Library
4 Living room with double-height ceiling
5 Dining room
6 Powder room
7 Kitchen
8 Pantry
9 Laundry room
10 Staff hall
11 Balcony
12 Bedroom
13 Closet
14 Bathroom
15 Staff bedroom
16 Staff bathroom

Detalhe da escada principal   Main stairs

Detalhe do apartamento visto do andar superior   View from the upper level

Detalhe do apartamento visto a partir da sala de jantar View from the dining room

Detalhe da sala de estar Living room

Detalhe da sala de jantar Dining room

Detalhe da área social Living room

COMERCIAL & RELIGIOSO

COMMERCIAL & RELIGIOUS

CLÍNICA OFTALMOLÓGICA

Localização **São Paulo, SP**
Uso principal **Clínica médica**
Imagens **Lew Parrella**
Área construída **1.611 m²**
Área do terreno **717 m²**

Location São Paulo, SP
Principal use Private practice
Images Lew Parrella
Construction area 1,611 m²
Site area 717 m²

No início dos anos 80, sob influência do movimento da I Bienal de Veneza "La Presenza del Passato", o projeto da Clínica compreende três pavimentos, com planta livre. Na área posterior da construção o pé direito de três andares tem fachada em vidro em sua totalidade, inspirada na exposição "La Strada Novissima", um ícone do movimento pós-moderno, novidade fortíssima à época em que o projeto foi realizado. Dada a transparência da fachada, a escada e elevadores foram projetados em estrutura metálica, visualmente muito atraentes, porém tais acessos não foram assim implantados apenas com preocupação estética, mas também com o intuito de possibilitar que se refaça a qualquer tempo a circulação vertical do prédio, tal como a instalação de mais elevadores e escadas para melhor atender futuras necessidades da Clínica.

Designed in the early 1980s and influenced by the 1st Architecture Biennale of Venice, with the theme, "La Presenza del Passato," the clinic comprises three floors, with a free-floor plan. At the back of the building, the three-floor ceiling height has a full glass façade inspired by the exhibition, "La Strada Novissima," an icon of the post-modern movement and a huge novelty at the time the project was executed. Given the transparency of the façade, the stairs and the elevators were designed in a visually attractive metallic structure; however, access was not implemented merely with aesthetic concerns, but also to recreate the building's vertical circulation at any time, such as installing elevators and stairs for future needs.

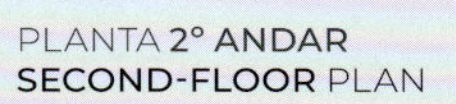

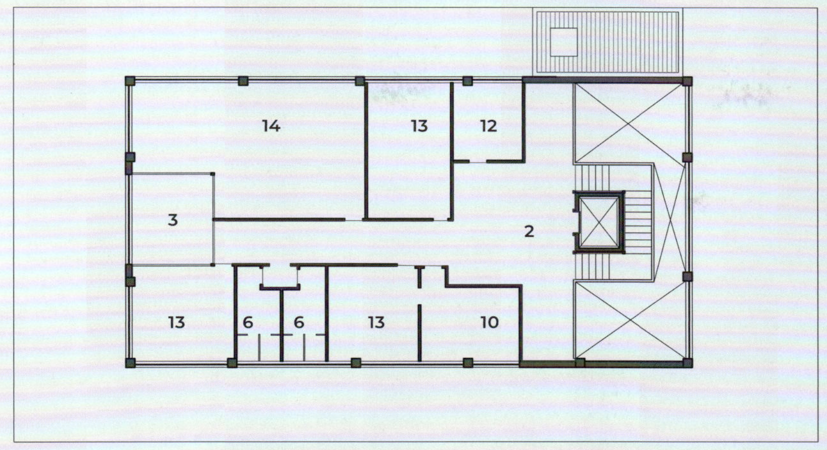

PLANTA 1º ANDAR
FIRST-FLOOR PLAN

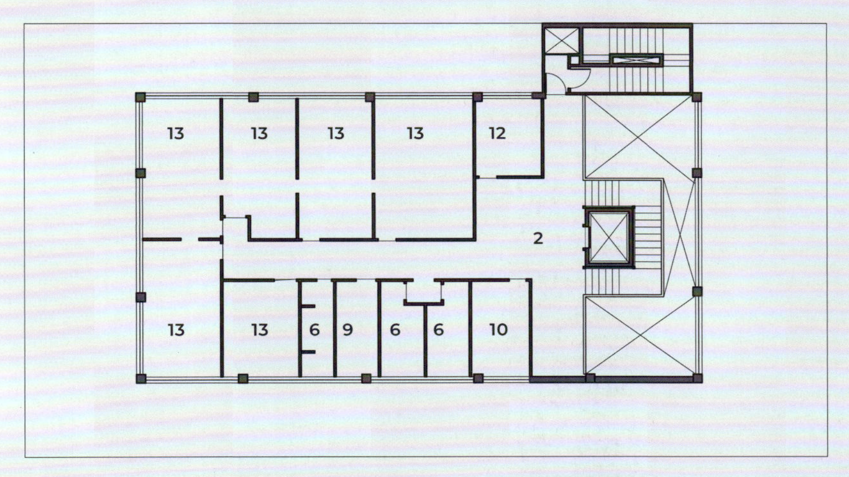

PLANTA TÉRREA
GROUND-FLOOR PLAN

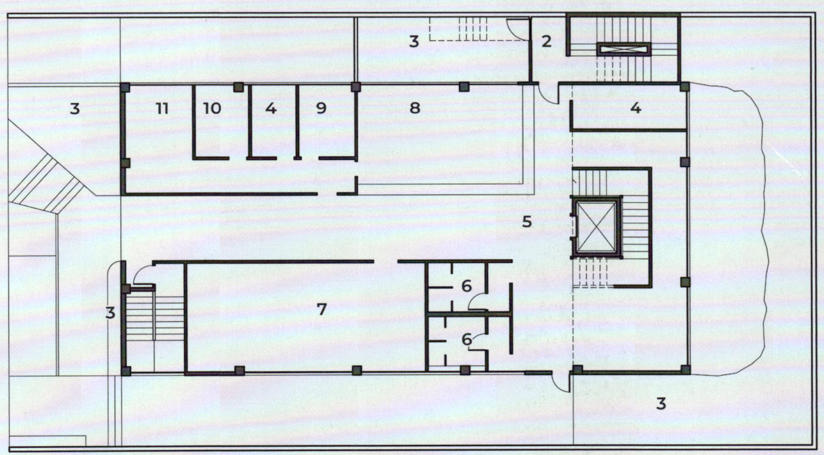

PLANTA DO SUBSOLO
LOWER LEVEL FLOOR PLAN

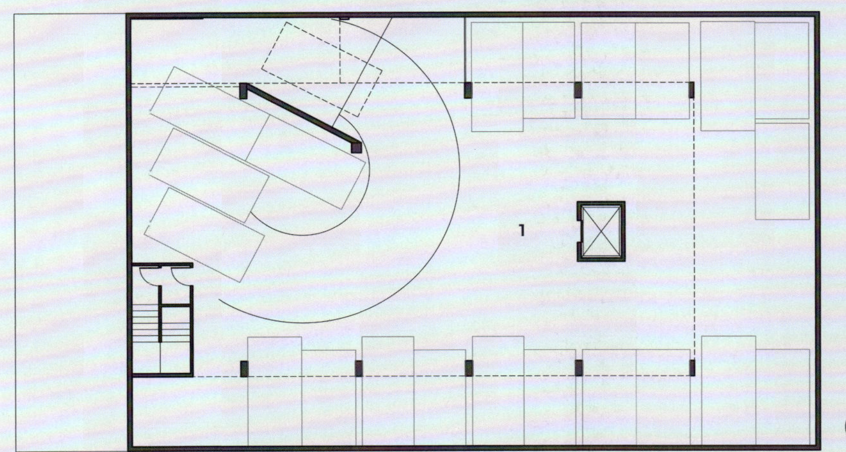

1	Garagem	1	Garage
2	Hall	2	Hall
3	Jardim	3	Garden
4	Depósito	4	Storage
5	Galeria	5	Gallery
6	Banheiro	6	Bathroom
7	Sala de reuniões	7	Meeting room
8	Recepção	8	Reception
9	Financeiro	9	Financial office
10	Arquivo	10	Archive
11	Secretária	11	Secretarial room
12	Sala de espera	12	Waiting room
13	Clínica	13	Clinic
14	Sala do diretor	14	Director's room

0 5 m

Oficinas
das 14 às 22

Detalhe da fachada posterior   Detail of rear façade

Detalhe da escada no pé direito triplo   Triple-height ceiling viewed from the bottom of the stairwell

CAPELA EM AVARÉ

Localização **Avaré, SP**
Uso principal **Igreja**
Imagens **Lew Parrella**
Área construída **47 m²**
Área do terreno **13.487 m²**

Na cidade de Avaré, interior do Estado de São Paulo, foi projetada e erigida uma capela no centro de um pomar e à beira da represa, toda construída em estrutura de madeira e telhas de barro, com piso de cerâmica. Os bancos, tal como em grande parte de igrejas, são de madeira. A capela é aberta para o jardim e integrada à paisagem, um espaço que convida à reflexão e comunhão com a natureza.

Location Avaré, SP
Principal use Church
Images Lew Parrella
Construction area 47 m²
Site area 13,487 m²

Located in Avaré, a city in the state of São Paulo, this chapel was designed and constructed using wood, clay tiles, and ceramic floors in the middle of an orchard beside a reservoir. The benches, as in most churches, are made of wood. The chapel is open to the garden and integrated into the landscape, a space that invites reflection and communion with nature.

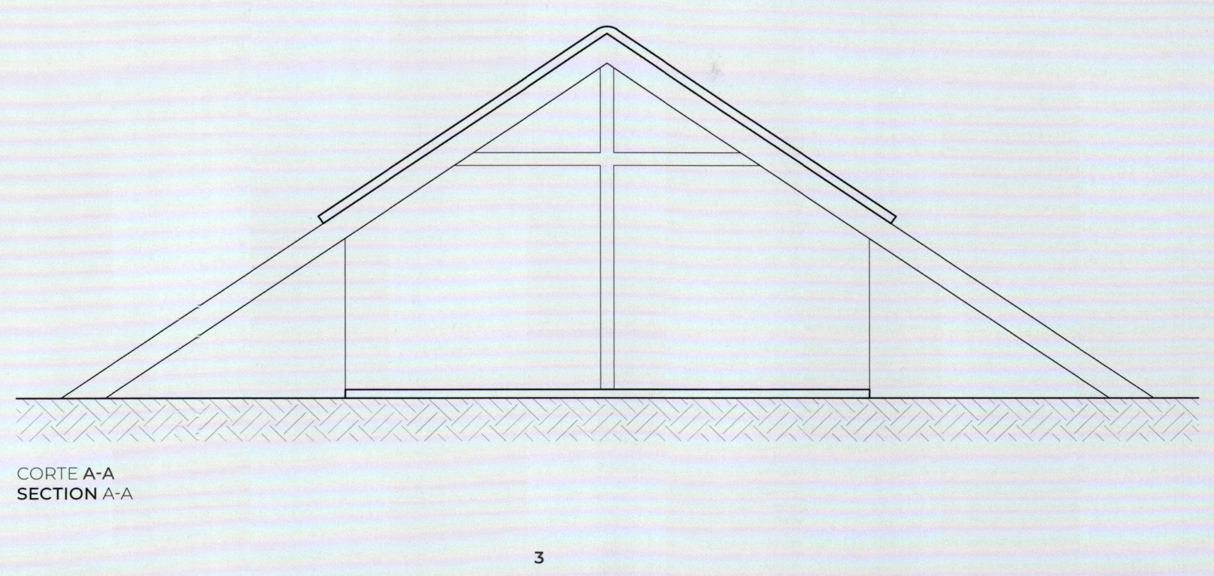

CORTE A-A
SECTION A-A

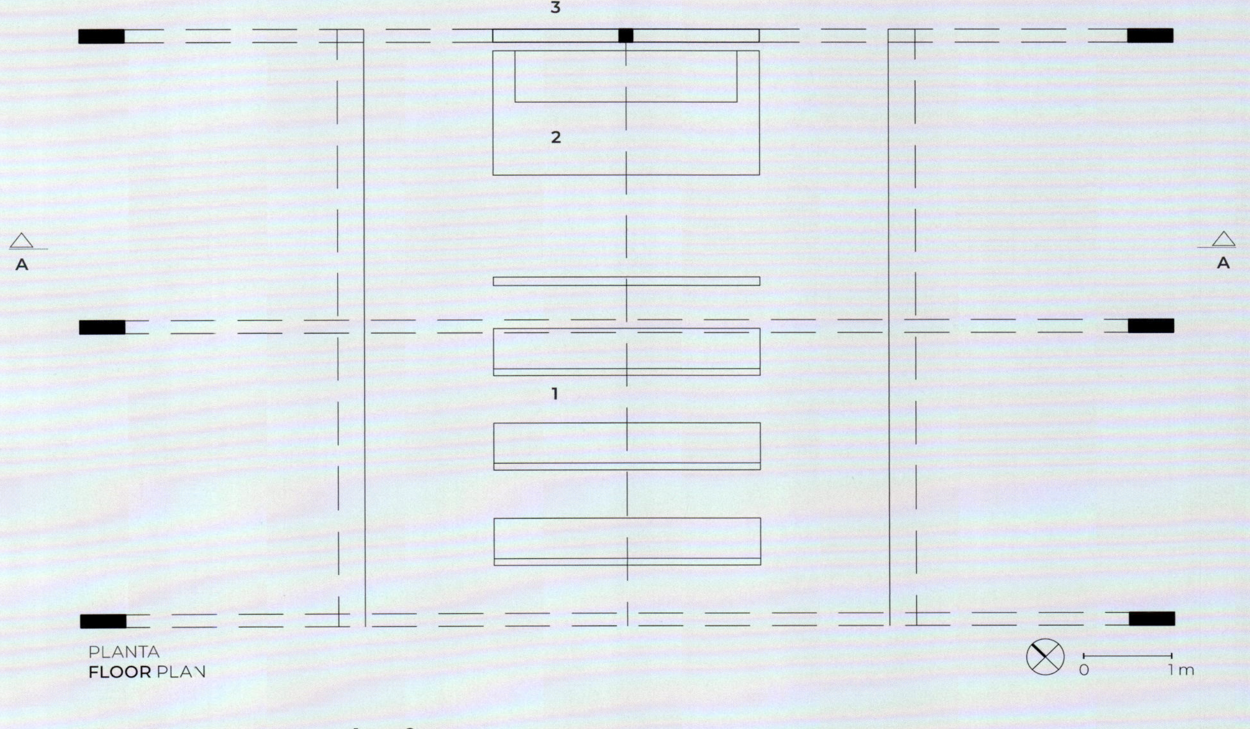

PLANTA
FLOOR PLAN

1	Banco	1	Seats
2	Altar	2	Altar
3	Cruz	3	Cross

Vista geral da Capela Chapel

Vista frontal da capela   Chapel front view

Vista da capela no jardim   Chapel view from the garden

Vista lateral   Side view

Vista fachada posterior   Rear façade view

MOSTRA CASA COR EM SÃO PAULO

Localização **São Paulo, SP**
Uso principal **Pavilhão de exposições**
Imagens **Rômulo Fialdini**
Área construída **368 m²**
Área do terreno **935 m²**
Design de interiores **Ugo di Pace e Maria di Pace**

Em 2010, a convite da "Mostra Casa Cor em São Paulo", projetou-se um pavilhão inspirado no Pavilhão de Barcelona de Mies van der Rohe. O grande desafio desta proposta, denominada "Espaço para a Nova Era", foi o de edificar um espaço totalmente construído com materiais sustentáveis: tal preocupação exigia que do te hado ao piso todos os produtos aplicados fossem recicláveis. A fachada foi pintada com técnica que utilizou a terra do local como base, o piso externo foi pensado de modo a ser muito permeável ao solo; o espelho d'água no jardim interno foi revestido com pastilhas de vidro reciclado. O design interior foi executado por Ugo e Maria di Pace. O Pavilhão "Espaço para a Nova Era" obteve grande êxito junto ao público e recebeu o principal prêmio da "Mostra Casa Cor em São Paulo" daquela edição.

Location São Paulo, SP
Principal use Exhibition pavilion
Images Rômulo Fialdini
Construction area 368 m²
Site area 935 m²
Interior design Ugo di Pace and Maria di Pace

In 2010, a pavilion inspired by the Mies van der Rohe in Barcelona and designed by Raul di Pace was invited to be in the "CASACOR São Paulo" exhibition. The challenge of this proposal, named "Space for the New Era," was to build a space fully constructed with sustainable materials, which meant all the products applied from the roof to the floor would have to be recyclable. The façade was painted using a technique that used the local soil and the outdoor floor was designed to be permeable. The pond in the indoor garden was coated with recycled glass inserts. The interior was designed by Ugo and Maria di Pace. The "Space for a New Era" pavilion was very successful with the public and received the principal award of the "CASACOR São Paulo" Exhibition that year.

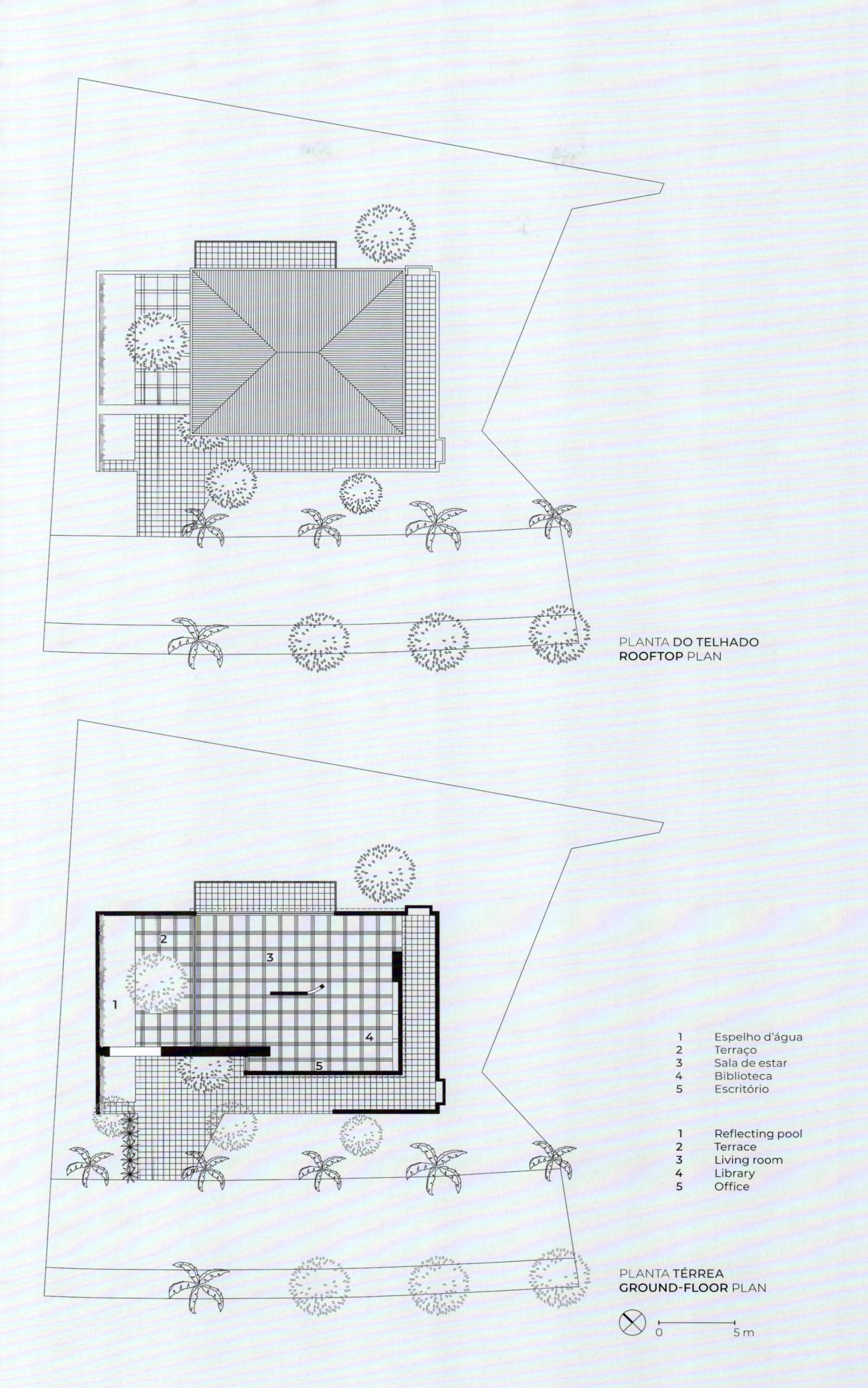

PLANTA **DO TELHADO**
ROOFTOP PLAN

PLANTA **TÉRREA**
GROUND-FLOOR PLAN

1 Espelho d'água
2 Terraço
3 Sala de estar
4 Biblioteca
5 Escritório

1 Reflecting pool
2 Terrace
3 Living room
4 Library
5 Office

03

Fachada principal   Main façade

Detalhe fachada Façade detail

Detalhe muro verde e espelho d'água Green wall and reflecting pool

Acesso pavilhão Pavilion way

Área interna com pátio ao fundo   Internal area with patio in the background

Área interna com biblioteca ao fundo   Internal area with library in the background

Detalhe área interna Detail of internal area

Pátio externo com espelho d´água External patio with reflecting pool

HOTEL KURIUWA

Localização **Monte Verde, MG**
Uso principal **Hotel**
Imagens **Rômulo Fialdini**
Área construída **2.458 m²**
Área do terreno **23.345 m²**

Localizado em Monte Verde, cidade do Estado de Minas Gerais situada em região montanhosa, o Hotel Kuriuwa é composto por uma sede e 15 cha és em meio à mata nativa, e contou com a participação do escritório Rodolfo Geiser e Cristiane Ribeiro Paisagismo. A sede foi instalada em uma antiga casa de campo existente no terreno, que para tal foi reformada e ampliada. Visando a preservação do meio, menos de 5% da vegetação existente foi retirada: sempre se buscou aproveitar ao máximo a paisagem exuberante da região. Os chalés dispersos pelo terreno foram pensados de maneira a não interferir na topografia da área, respeitando aclives e declives do local. O projeto confere privacidade e conforto aos hóspedes, sempre aliando o luxo das edificações ao esplendor da natureza.

Location Monte Verde, MG
Principal use Hotel
Images Rômulo Fialdini
Construction area 2,458 m²
Site area 23,345 m²

Located in Monte Verde, a district in the municipality of Camanducaia, in the mountainous region of the state of Minas Gerais, Hotel Kuriuwa comprises a main office and 15 chalets in the middle of the native forest. This project was executed with the participation of the Rodolfo Geiser and Christiane Ribeiro landscape and environment office. The main office was set up in an old renovated and expanded cottage on the site. To preserve the environment, less than 5% of the vegetation was removed and the project sought to take full advantage of the lush landscape. The cottages scattered across the plot were designed so as not to interfere with the local topography, respecting the uphill and downhill slopes. The project provides privacy and comfort for guests and combines the luxury of the buildings with the splendor of nature.

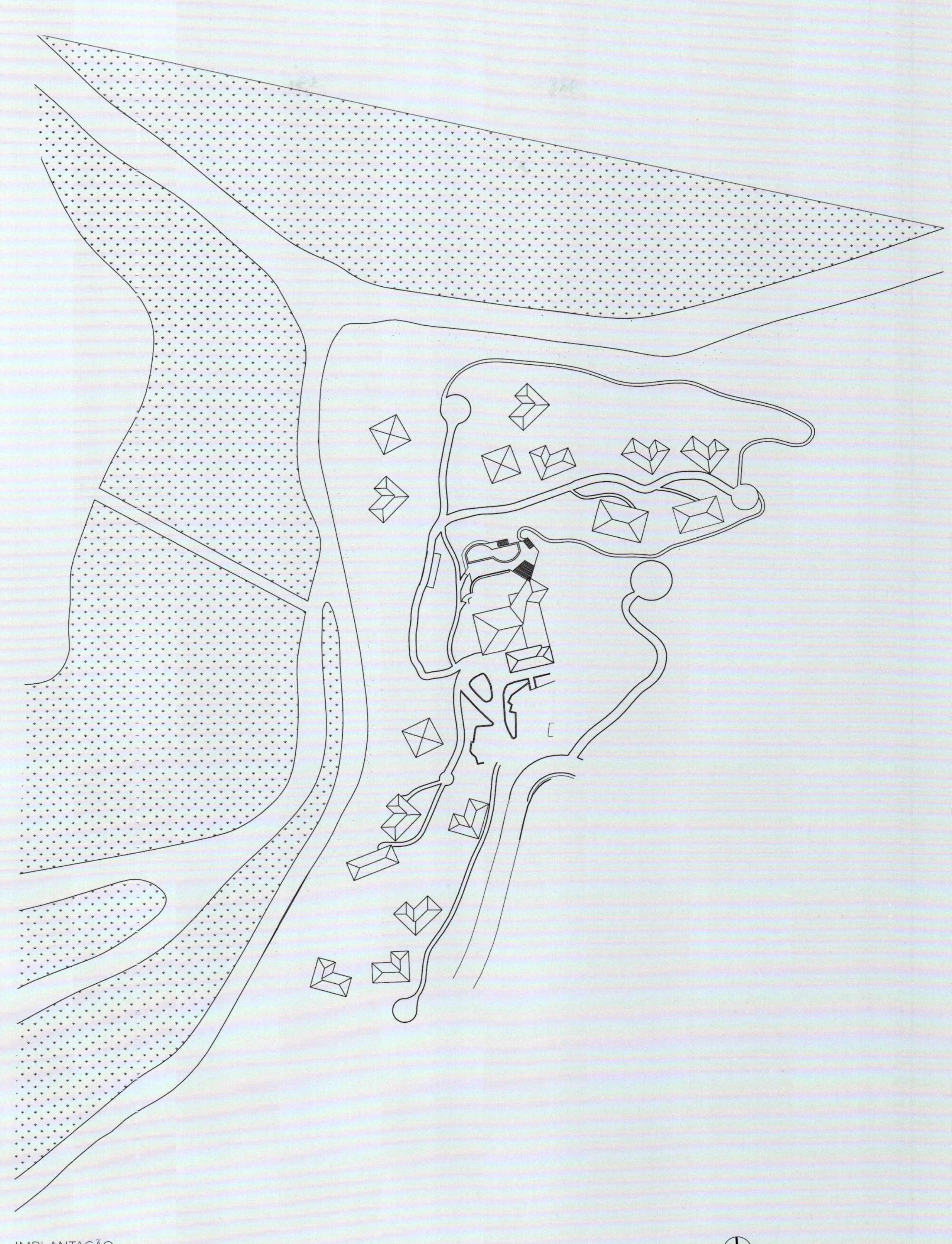

IMPLANTAÇÃO
SITE PLAN

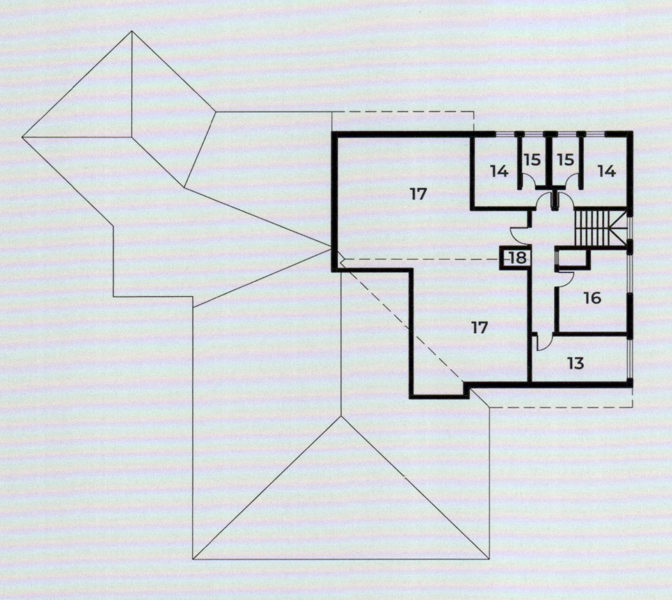

PLANTA **ANDAR SUPERIOR – SEDE**
FIRST-FLOOR PLAN – MAIN BUILDING

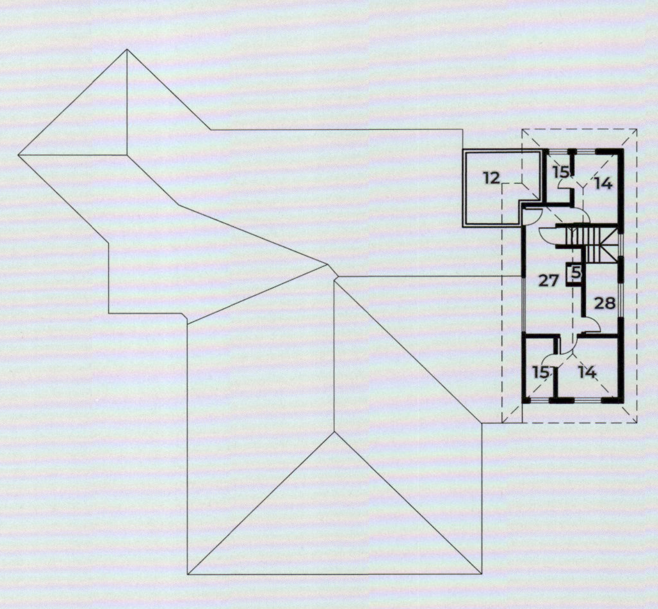

PLANTA **SÓTÃO – SEDE**
ATTIC PLAN – MAIN BUILDING

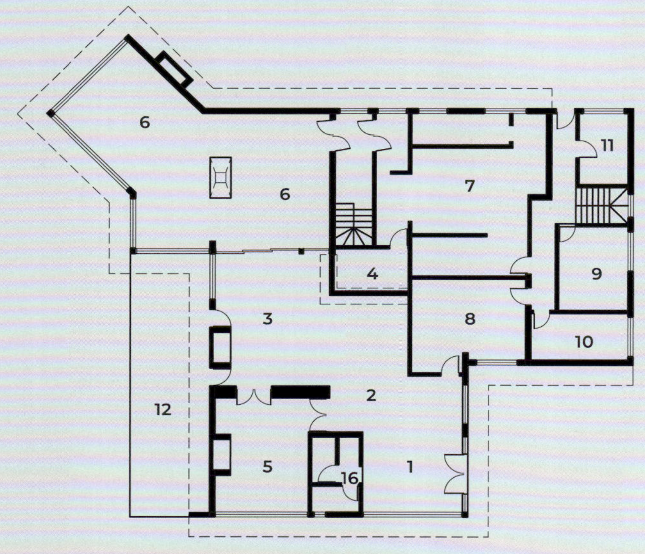

PLANTA **TÉRREA – SEDE**
GROUND-FLOOR PLAN – MAIN BUILDING

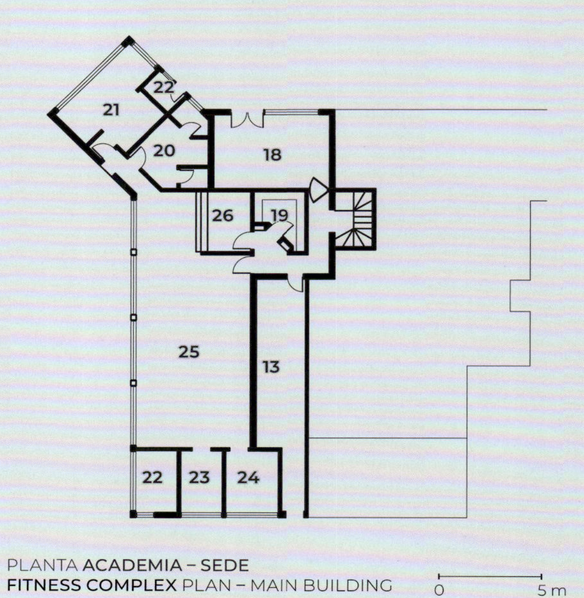

PLANTA **ACADEMIA – SEDE**
FITNESS COMPLEX PLAN – MAIN BUILDING

0 5 m

1 Hall entrada
2 Recepção
3 Sala de estar
4 Balcão
5 Sala lareira
6 Restaurante
7 Cozinha e copa/ restaurante
8 Office
9 Câmeras frias legumes
10 Câmeras frias carnes e peixes
11 Despensa
12 Terraço
13 Deposito
14 Quartos de serviço
15 Banheiros de serviço
16 Sala de serviço
17 Sala de preparação de alimentos
18 Lavanderia
19 Sauna umida
20 Vestiário masculino
21 Vestiário feminino
22 Lavabo externo
23 Sala dos professores
24 Vestiário
25 Academia
26 Sauna seca
27 Sala equipamentos
28 Cozinha de serviço

1 Entrance hall
2 Reception
3 Living room
4 Service desk
5 Fireplace room
6 Restaurant
7 Kitchen / restaurant
8 Office
9 Cold room storage vegetables
10 Cold room storage meat and fish
11 Pantry
12 Terrace
13 Storage
14 Staff bedroom
15 Staff bathroom
16 Staff room
17 Food preparation room
18 Laundry
19 Wet sauna
20 Male changing room
21 Female changing room
22 External toilet
23 Instructors' room
24 Changing room
25 Gym
26 Dry sauna
27 Equipment room
28 Staff kitchen

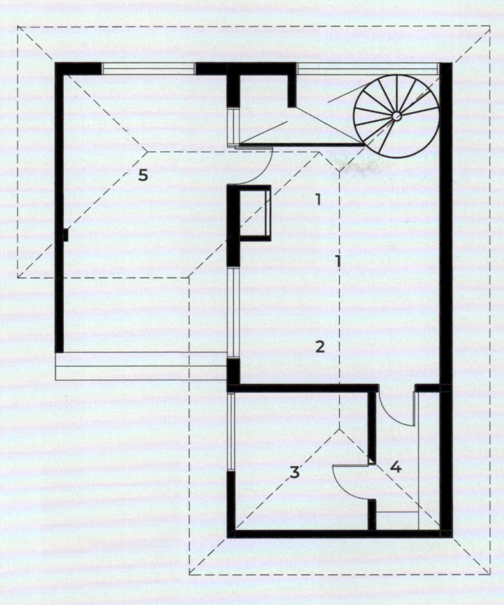

PLANTA **TÉRREA – MORADA DUPLA 2**
GROUND-FLOOR PLAN – CHALET TYPE 2

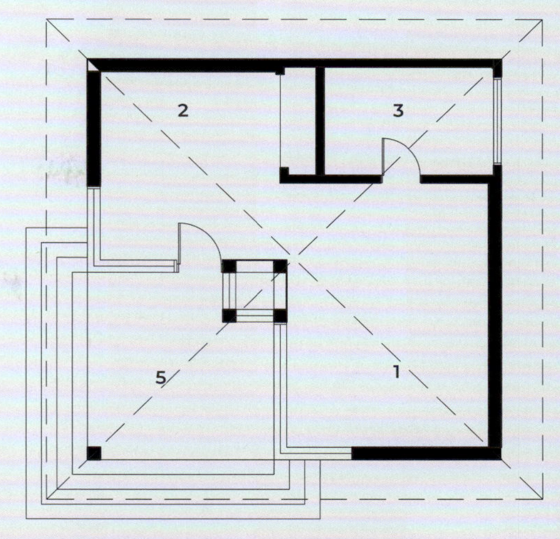

PLANTA **TÉRREA – MORADA QUADRADA**
GROUND-FLOOR PLAN – CHALET

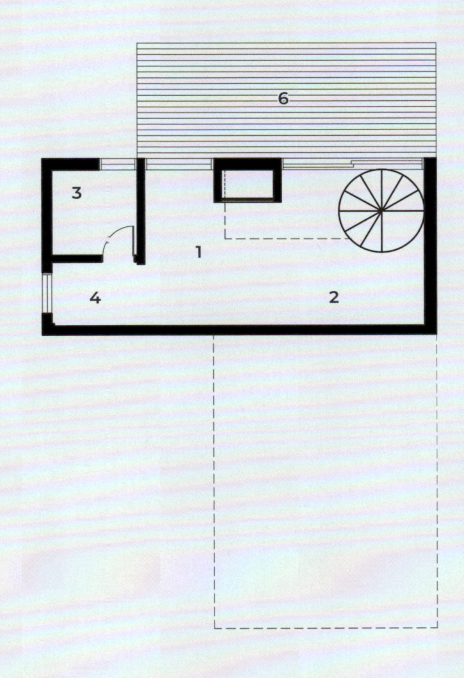

PLANTA **TÉRREA – MORADA DUPLA 1**
GROUND-FLOOR PLAN – CHALET TYPE 1

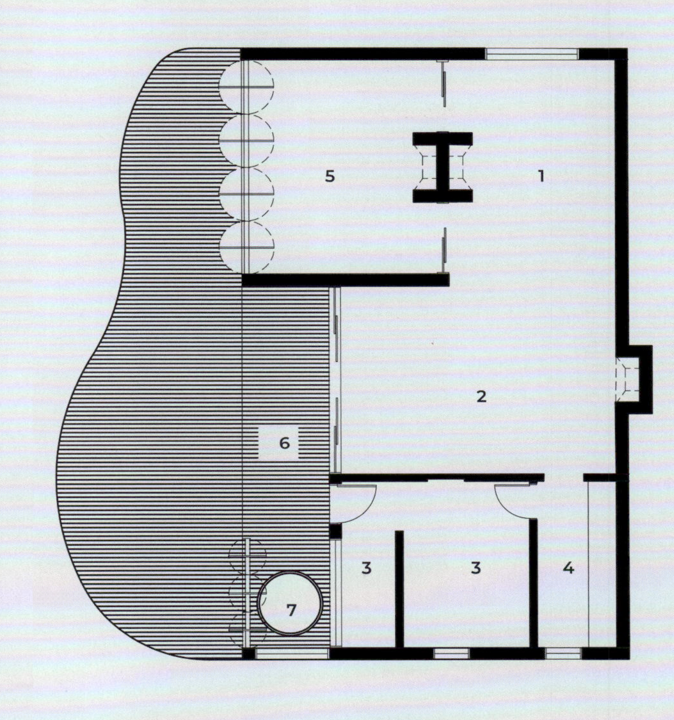

PLANTA **TÉRREA – CHALÉ MORADA DA LUA**
GROUND-FLOOR PLAN – CHALET MORADA DA LUA

1	Sala da lareira	1	Fireplace room
2	Quarto	2	Bedroom
3	Banheiro	3	Bathroom
4	Closet	4	Closet
5	Sala terraço	5	Terrrace
6	Deck	6	Deck
7	Ofurô	7	Hot tub
8	Sala massagem	8	Massage room
9	Sauna úmida	9	Wet sauna
10	Depósito	10	Storage

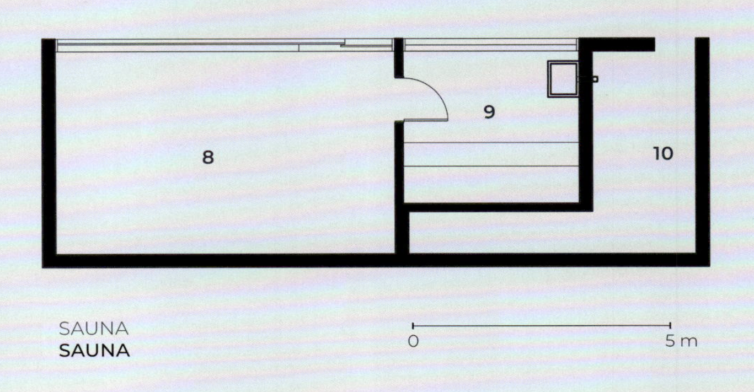

SAUNA
SAUNA

0 5 m

KURIUWA

Chalé Morada da Lua   Chalet Morada da Lua

Detalhe do spa   Spa detail

Chalé tipo 2   Chalet type 2

Detalhe de caminho entre os chalets Path between chalets

Detalhe suíte do Chalé Morada da Lua Bedrcom suite of Chalet Morada da Lua

Detalhe da suíte Bedroom suite

Terraço do Chalé Morada da Lua Terrace cf the Chalet Morada da Lua

Ambiente lareira na sede principal Fireplace in the main building

ESCRITÓRIO SANTO ANDRÉ

Localização **Santo André, SP**
Uso principal **Escritório**
Imagens **Lew Parrella**
Área construída **4.312 m²**
Área do terreno **3.656 m²**

Em um antigo galpão situado em Santo André, cidade situada na região metropolitana de São Paulo, a restauração do imóvel manteve a belíssima estrutura em madeira do telhado e criou um espaço único, que veio a ser o novo escritório da empresa. Com uma intervenção mínima na estrutura existente e usando materiais simples, foi desenvolvido um espaço cenográfico rico em diferentes perspectivas, o que em muito contribuiu para se criar um agradável ambiente de trabalho.

Location Santo André, SP
Principal use Office
Images Lew Parrella
Construction area 4,312 m²
Site area 3,656 m²

In an old warehouse located in Santo André, in the metropolitan region of São Paulo, the beautiful wooden roof structure of this renovated building was maintained and a single space was created for the new company office. The existing structure was almost untouched and simple materials were used to build a scenic space rich in different perspectives, which helped to create a pleasant working environment.

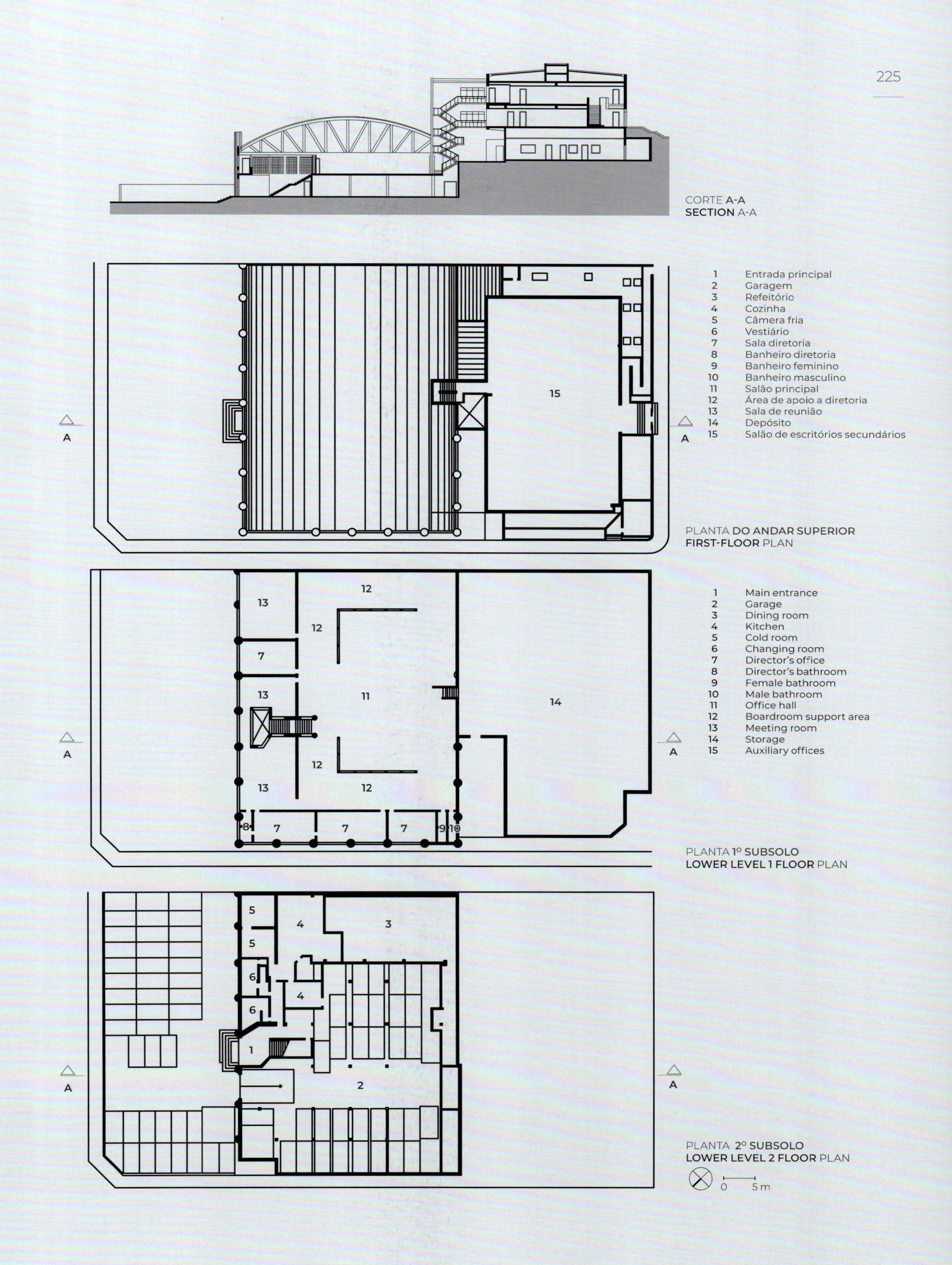

CORTE A-A
SECTION A-A

PLANTA DO ANDAR SUPERIOR
FIRST-FLOOR PLAN

PLANTA 1º SUBSOLO
LOWER LEVEL 1 FLOOR PLAN

PLANTA 2º SUBSOLO
LOWER LEVEL 2 FLOOR PLAN

Fachada frontal Front façade

Detalhe do salão principal   Main room

Salão principal recepção   Reception

Detalhe da estrutura antiga de madeira   Original wooden roof

Salão principal secretárias   Main secretarial office

Detalhe da sala de diretoria   Director's office

GALERIA CLÓVIS DE OLIVEIRA

Localização **São Paulo, SP**
Uso principal **Galeria**
Imagens **Maquete3D Design**
Área construída **1.515 m²**
Área do terren o **990 m²**

O imóvel a ser construído todo em concreto, das paredes às lajes, do piso à pérgola situada no terraço da cobertura, é um reestudo da obra do arquiteto japonês Tadao Ando, uma das fortes referências do arquiteto. O salão tem pé direito duplo e um mezanino ao fundo, espaços destinados a exposição de obras de antiguidades e eventuais mostras de arte contemporânea. No piso superior localiza-se um grande terraço coberto por pérgola, a ser preenchida com trepadeiras; no espaço serão apresentadas exposição de esculturas; também neste andar encontra-se o escritório do proprietário. O terreno tem ainda quase que metade de sua área ocupada por um belíssimo jardim, com grandes árvores e esculturas.

Location São Paulo, SP
Principal use Gallery
Images Maquete3D Design
Construction area 1,515 m²
Site area 990 m²

This gallery is a restudy of the work of the Japanese architect Tadao Ando, one of the most significant inspirations for Raul di Pace. It is built entirely in concrete, from the walls to the slabs and from the floor to the pergola situated on the penthouse terrace. The lounge has a double-height ceiling and a mezzanine toward the back, spaces intended to showcase antiques and occasional contemporary art exhibitions. On the top floor, there is a large terrace covered with pergola, to be filled with climbing plants; this space will be used for a sculpture exhibition and currently houses the owner's office. A lovely garden with large trees and sculptures covers nearly half the site.

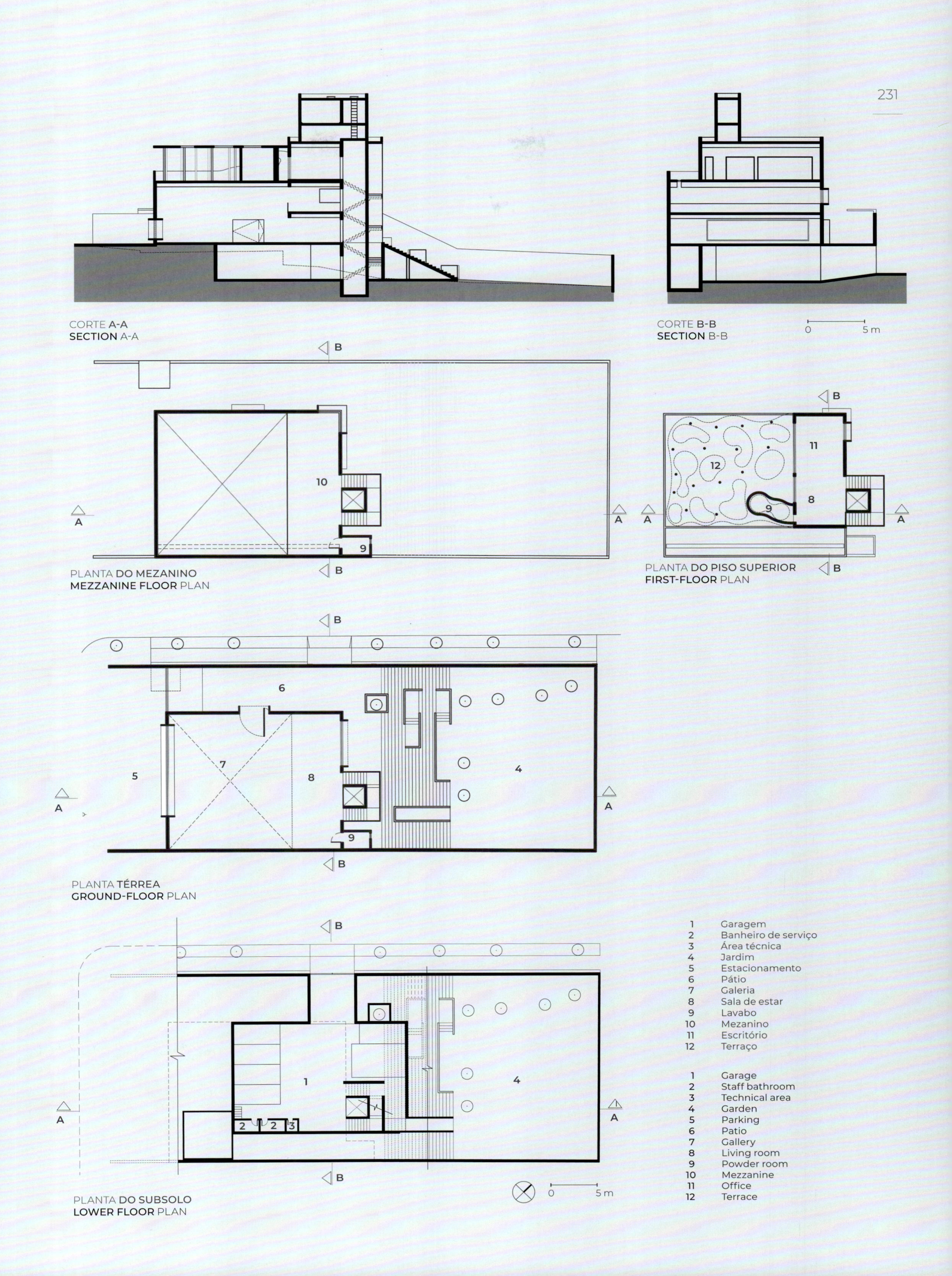

CORTE A-A
SECTION A-A

CORTE B-B
SECTION B-B

PLANTA DO MEZANINO
MEZZANINE FLOOR PLAN

PLANTA DO PISO SUPERIOR
FIRST-FLOOR PLAN

PLANTA TÉRREA
GROUND-FLOOR PLAN

PLANTA DO SUBSOLO
LOWER FLOOR PLAN

1 Garagem
2 Banheiro de serviço
3 Área técnica
4 Jardim
5 Estacionamento
6 Pátio
7 Galeria
8 Sala de estar
9 Lavabo
10 Mezanino
11 Escritório
12 Terraço

1 Garage
2 Staff bathroom
3 Technical area
4 Garden
5 Parking
6 Patio
7 Gallery
8 Living room
9 Powder room
10 Mezzanine
11 Office
12 Terrace

Fachada posterior   Rear façade

Fachada principal   Main façade

Atrium e mezanino   Atrium and mezzanine

CONCURSOS PÚBLICOS

PUBLIC COMPETITIONS

MUSEU EXPLORATÓRIO DE CIÊNCIAS

Localização **Campinas, SP**
Uso principal **Museu**
Imagens **AL.MA Estúdio**
Área construída **7.100 m^2**
Área do terreno **28.000 m^2**

A iniciativa de se criar um Museu Exploratório de Ciências ofereceu à Arquitetura oportunidade de estabelecer novas referências na criação e utilização de espaços para a geração de conhecimento científico, contribuiu para a requalificação do espaço urbano e para a formação de um polo científico cultural, que evidenciaria o campus universitário e a cidade de Campinas (situada no interior do Estado de São Paulo), no cenário museológico nacional e internacional.

O projeto estabeleceu que a área útil do Museu somaria 4.800 m^2 para exposições, eventos, bibliotecas, salas de aulas, cinema, teatro, restaurantes e cafés, e 2.300 m^2 para circulação (acessos, elevadores, escadas, etc.), totalizando uma área bruta de 7.100 m^2 que seria distribuída em 6 pavimentos: 2 níveis de subsolo, o térreo, e 3 níveis superiores.

A proposta arquitetônica para o Museu integraria a área científica ao espaço, e se desenvolveria dentro dos critérios de sustentabilidade, desde sua construção à vida útil e manutenção do prédio. Visava essencialmente levar o público a um passeio entre elementos arquitetônicos que remeteriam à exploração e ao espírito inquisitivo, dentro de um ambiente que sugerisse constantemente a integração e troca de ideias. Para tal, seriam considerados postos-chave na orientação dc projeto os seguintes

Location Campinas, SP
Principal use Museum
Images AL.MA Estúdio
Construction area 7,100 m^2
Site area 28,000 m^2

The initiative of creating an Exploratory Science Museum gave us as an architecture firm the opportunity to establish new references in the creation and use of spaces for the generation of scientific knowledge and contributed to the re-qualification of urban space and to the formation of a scientific cultural pole, which would place the university campus and the city of Campinas (in the state of São Paulo) in the national and international museum scene.

The project established that the useful area of the museum would be 4,800 m^2 for exhibitions, events, libraries, classrooms, cinema, theater, restaurants, and cafes, and 2,300 m^2 for circulation (access, elevators, stairs, etc.), totaling approximately 7,100 m^2 distributed over six floors, including two basement levels, a ground floor, and three upper levels.

The architectural proposal for the museum would integrate the scientific area and would be developed within the criteria for sustainability, from construction to useful life and maintenance of the building. Essentially, the aim was to lead the public through architectural elements and promote exploration and an inquisitive spirit, within an environment that constantly suggests the integration and exchange of ideas. The key points that were considered to guide

aspectos: movimento e circulação, encontro, convívio e lazer, aprendizado, funcionalidade e sustentabilidade.

Foi proposto o melhor aproveitamento possível do terreno de 28.000 m², de modo a valorizar a visão do Museu sob todos os seus ângulos. O prédio seria constituído por um volume de 50m x 40m, com linhas sóbrias e simples, e tamanho suficiente para abrigar todos os ambientes necessários, e, ao mesmo tempo, dimensionado para contemplar a execução da obra dentro do custo estimado no edital. A edificação seria emoldurada ao sul por uma torre de serviços e a leste por uma galeria que se estenderia sob uma pérgola, no sentido norte/sul do terreno; a oeste da galeria ficariam os pátios, jardins, espelhos d'água e uma cafeteria.

Na alvenaria, aberturas em alguns pontos descortinariam a paisagem, como cartões postais, criando diferentes perspectivas visuais. A vista das salas da administração, localizadas na torre de serviços, seria a do jardim da cobertura, fundeado pelo horizonte. O Museu foi concebido como um bloco maciço, esculpido por dentro e por fora, estabelecendo a relação constante entre o ambiente interno e o externo.

O acesso público seria feito a partir do setor norte, por meio da galeria coberta por uma pérgola de 12 metros de altura, que conduziria ao atrium central iluminado naturalmente por uma claraboia de aproximadamente 500 m². A partir do atrium, concebido para facilitar a interação dos grupos visitantes com as mostras, seriam criadas passagens para os diferentes níveis e salas, onde se instalariam as salas de exposições permanente e temporárias, mostras multimídia interativas, auditório, ateliê de ciências e observatório.

Movimento e circulação

A Galeria criaria uma sensação de continuidade e organização, contrastada pelo livre desenvolvimento de passagem ao atrium, aos pátios e jardins e ao espaço de convívio externo. O atrium seria a praça que distribuiria os fluxos de circulação para as diversas áreas, como atividades educativas, culturais e científicas do calendário: seria o espaço com amplitude, que permitiria luminosidade e organização para proporcionar conforto físico e inspiração. O acesso dos funcionários seria feito pelo lado sul do Museu, onde se localizaria toda a infraestrutura que daria suporte às diversas áreas. Para os escritórios da diretoria, o acesso se daria pelo lado leste da galeria.

Encontro, convívio e lazer

O pátio principal seria implantado em extensão coberta e arejada a leste do Museu, e se destinaria ao recebimento

the project were movement and circulation, meeting points, conviviality and leisure, learning, functionality, and sustainability.

The best possible use of the 28,000 m² of land was proposed to enhance the view of the museum from all angles. The building would consist of a volume of 50m x 40m, with sober, simple lines, large enough to house all the necessary environments, and, at the same time, scaled to contemplate the execution of work within the cost estimated in the public notice. The building would be framed by a service tower to the south and by a gallery to the east, extending under a pergola, in the north–south orientation; west of the gallery would be the patios, gardens, ponds, and a coffee shop.

Strategic openings in the masonry would reveal the landscape, like postcards, creating different visual perspectives. The view from the administration rooms, located in the service tower, would be of the garden at the top, with the horizon as its backdrop. The museum was conceived as a solid block, sculpted inside and out to establish the relationship between the internal and external environments.

Public access would be from the north through a gallery covered by a 12-meter-tall pergola leading to the central atrium lit naturally through a skylight of approximately 500 m². To facilitate the interaction of visitor groups with the exhibits, passages would be created extending from the atrium to different levels and rooms, where the permanent and temporary exhibition rooms, multimedia shows, interactive auditorium, science workshop, and observatory would be located.

Movement and circulation

The gallery would create a sense of continuity and organization, contrasted by the free passage of the atrium, patios, gardens, and external public space. The atrium would be the square that distributes the circulation to various areas, such as the educational, cultural and scientific activities of the calendar; it would be wide enough to allow light and organization for physical comfort and inspiration. Employee access would be from the south side of the museum, where the entire infrastructure to support the various areas would be located. The senior management offices would be accessed from the east side of the gallery.

Meeting points, conviviality, and leisure

The main patio would be located in a covered, well-ventilated area east of the museum and it would

de turmas escolares e grupos de estudo: o espaço facilitaria instruções, divisão e reencontro de grupos, distribuição de merenda, etc. As salas de exposições e estudos seriam ambientes concebidos para promover a observação e a interação entre os frequentadores e as mostras. A cafeteria seria um espaço voltado ao relaxamento e lazer, cercada com vidro para a apreciação da arquitetura e do paisagismo.

Aprendizado

Cada uma das técnicas de reciclagem e sustentabilidade aplicadas na construção e manutenção do Museu mereceria tópico explicativo na exposição científica permanente. Parte dos jardins seria proposta de forma livre, nativa, um bosque; um segundo jardim seria bem planejado e constituído por espelhos d'água, pátios, e caminhos que reforçariam aspectos contrastantes entre a natureza e a intervenção arquitetônica.

Funcionalidade e sustentabilidade

A torre de serviços seria o espaço destinado à instalação da infraestrutura que daria suporte a todas as áreas do Museu de forma discreta e funcional. Nesta ala operacional se encontrariam as escadas de incêndio, elevadores, banheiros, fraldário, salas de diretoria e administração, manutenção, segurança e demais salas de trabalho. A cobertura gramada, com iluminação natural, garantiria algum isolamento térmico e nela se encontraria a grande estrutura de 20m x 25m para a iluminação natural do atrium. A cobertura superior da torre de serviços se destinaria à captação de energia solar, receberia placas de captação e transformação da luz solar em energia elétrica para o Museu. O projeto previa instalação de sistema de tratamento e reuso de água, medidores individuais nos ambientes para controle do consumo e torneiras com temporizadores para economia de água e energia. A utilização de sensores de presença em postos-chave dos ambientes foi assegurada. Havia mecanismo de captação da água da chuva para utilização durante a obra e posteriormente para irrigação dos jardins e lavagem das áreas externas.

O projeto de paisagismo considerou manter as árvores originais da região, e toda a madeira dos acabamentos proviria de área reflorestada: seria empregado um sistema de fôrmas reutilizáveis para a construção de paredes de concreto. Para coleta seletiva de lixo e reciclagem de materiais existiriam instalações adequadas previstas no projeto, que ofereceriam fontes extra de recursos e oportunidades para demonstrações científicas.

be used to receive school and study groups. This space would facilitate the instruction, division and regrouping of groups, and meal distribution, etc. The exhibition and study rooms would promote observation and interaction between the visitors and the exhibits. The cafeteria would be dedicated to relaxation and leisure, surrounded with glass for the appreciation of architecture and landscaping.

Learning

Each of the recycling and sustainability techniques applied to the construction and maintenance of the museum deserve an explanatory topic in the permanent scientific exhibition. Part of the gardens would be a free form, native forest; a second garden would be well planned, with ponds, patios, and footpaths that highlight the contrasts between nature and architectural intervention.

Functionality and sustainability

The service tower would be the space to set up the infrastructure that would support all the areas of the museum discreetly and in a functional way. This functional wing would contain the fire exit stairs, elevators, bathrooms, baby changing facilities, boardrooms and administration rooms, maintenance room, security, and other workrooms. The grassy upper level, with natural lighting, would guarantee some thermal insulation and would contain a large 20m x 25m structure to allow natural light into the atrium. The top level of the service tower would be used to capture solar energy, with solar panels that transform sunlight into electric energy for the museum. The project foresaw a water treatment and reuse system, individual meters in each space to control consumption and taps with timers to save water and energy. The use of motion sensors in key points was also guaranteed. A rainwater collection mechanism would be used during construction, and later for irrigating the gardens and washing external areas.

In the landscaping project, all the original trees in the region would be maintained and all the wood for finishing would come from reforested areas. A system of reusable forms would be used for building the concrete walls. Garbage collection and material recycling would be provided by appropriate facilities included in the project, which would offer extra sources and opportunities for science demonstrations.

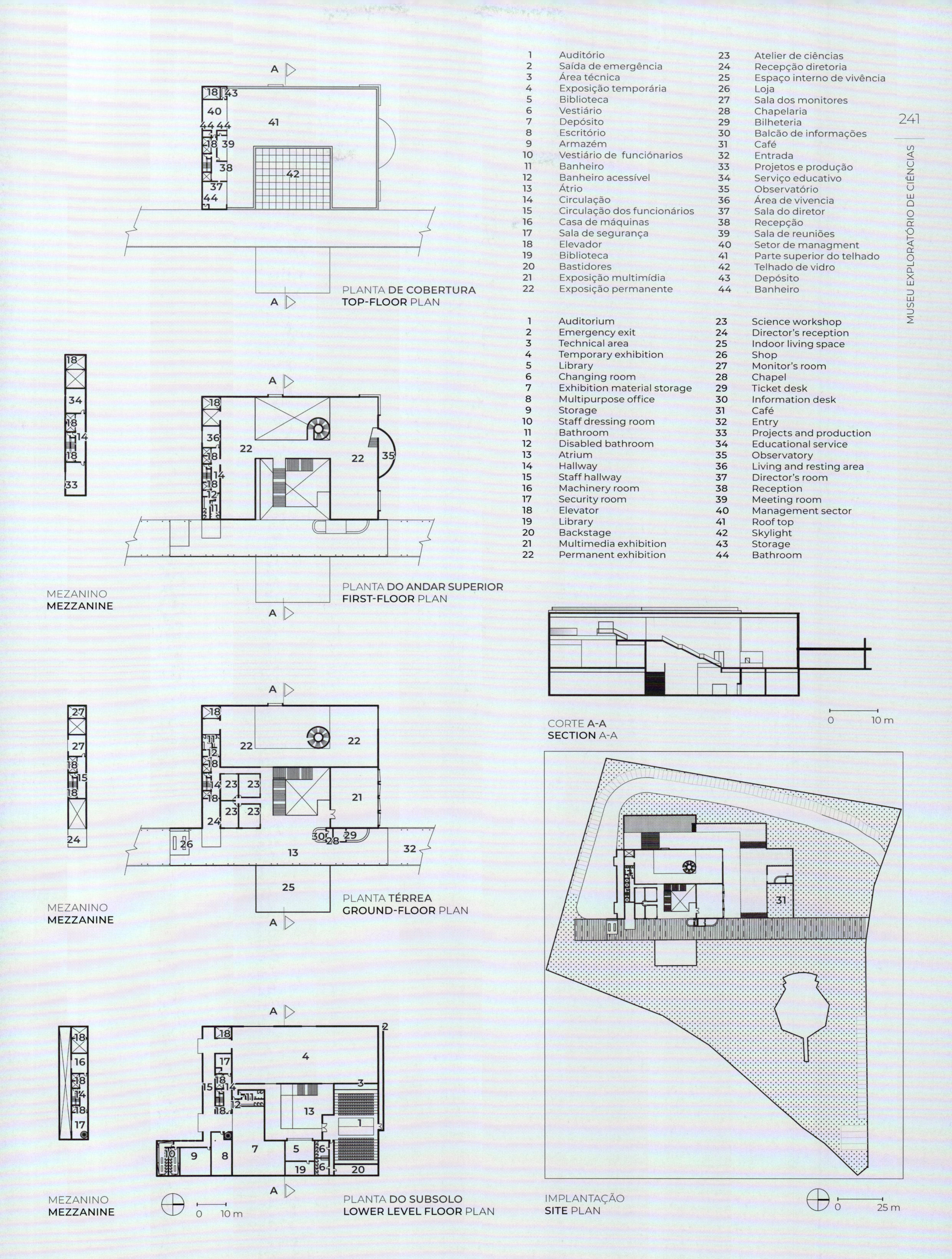

PLANTA DE COBERTURA
TOP-FLOOR PLAN

MEZANINO
MEZZANINE

PLANTA DO ANDAR SUPERIOR
FIRST-FLOOR PLAN

CORTE A-A
SECTION A-A

MEZANINO
MEZZANINE

PLANTA TÉRREA
GROUND-FLOOR PLAN

MEZANINO
MEZZANINE

PLANTA DO SUBSOLO
LOWER LEVEL FLOOR PLAN

IMPLANTAÇÃO
SITE PLAN

Galeria de entrada   Entrance hall

Vista da galeria de entrada e teto jardim do museu   View of entrance gallery and roof garden

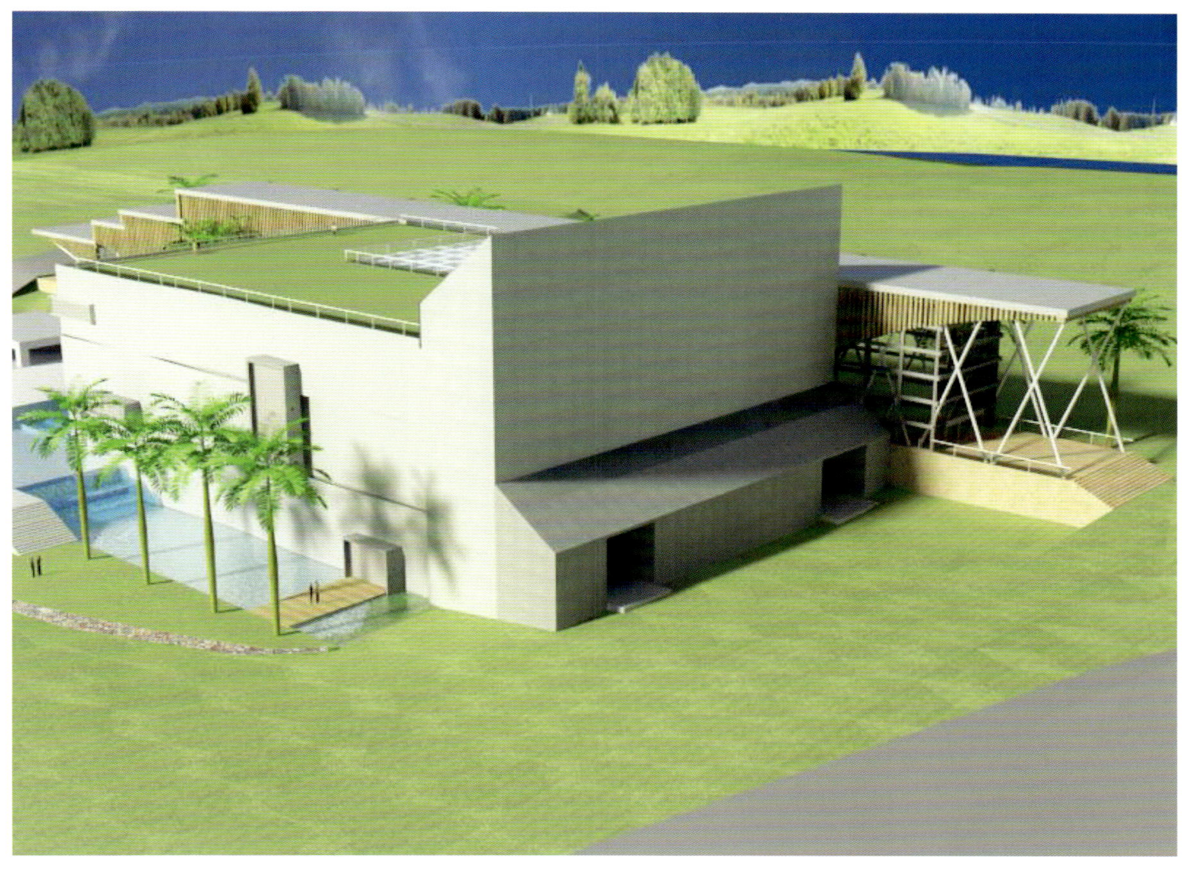

Vista da fachada posterior   Rear façade view

Detalhe do pátio e jardim externo   Patio and garden detail

CENTRO DE CONVENÇÕES EM CABO FRIO

Localização **Cabo Frio, RJ**
Uso principal **Centro de Convenções**
Imagens **AL.MA Estúdio**
Área construída **6.782 m^2**
Área do terreno **27.550 m^2**

Sendo Cabo Frio uma cidade extremamente quente, imperioso foi se projetar áreas de sombra, um parque arborizado, com árvores de grandes copas integradas às pérgolas de 8ms x 8ms e diferentes alturas, que formariam um vasto espaço sombreado. Belos terraços, pérgolas e árvores frondosas forneceriam conforto térmico. O projeto buscou inspiração na belíssima Mata Atlântica, que tem como uma de suas características a existência de árvores de várias dimensões que compõem uma imagem harmoniosa.

Caminhar pelo entorno do Centro de Convenções, percorrendo caminhos ora sombreados, ora ensolarados, permeados por um parque e por um deck à beira do lago, subir ao primeiro andar por rampa externa e deparar-se com um teto jardim, configurariam esta instituição como um espaço de

Location Cabo Frio, RJ
Principal use Convention Center
Images AL.MA Estúdio
Construction area 6,782 m^2
Site area 27,550 m^2

The aim of the project for the Convention Center in Cabo Frio was to make this endeavor a point of reference in the city as a place for gatherings, exhibitions, conventions, entertainment, and business.

Cabo Frio is extremely hot, so it was imperative to design a vast shaded area in a wooded park, with large canopy trees integrated with pergolas of 8m x 8m at different heights. Beautiful terraces and shady trees would provide thermal comfort. The project sought inspiration from the breathtaking Atlantic Forest, full of different-sized trees that form a harmonious image.

The fact that visitors would be able to stroll around the Convention Center, along paths with either shade or sunlight, permeated by a park and a lakeside deck, or walk up an external ramp to the first floor and enter a

convivência, quer à população da cidade, quer a turistas, ou mesmo aos que fossem a Cabo Frio para realizar negócios.

O desafio deste projeto foi o de se estabelecer um prédio que possibilitasse a realização de eventos simultâneos e com diferentes configurações, facilitando a montagem e desmontagem de exposições, palestras e painéis, utilizando tecnologia de ponta como suporte, visando conforto térmico e acústico e promovendo uma circulação que valorizasse a paisagem do entorno e proporcionasse sensação de liberdade a quem circulasse internamente no edifício. Importante observar que se garantiu na proposta o acesso a pessoas com necessidades especiais, bem como rotas de fuga em caso de necessidade a todos os frequentadores.

O prédio seria totalmente integrado no tocante à circulação interna e externa: foi adotada uma linguagem de linhas simples e de fácil compreensão pelos usuários, um conjunto visual rico em detalhes com suas diferentes alturas, com uso predominante de madeira, vidro e concreto. Foi grande a preocupação com a utilização de tecnologias sustentáveis, tais como a reutilização da água de chuva, o aproveitamento de energia solar, a iluminação natural, o uso de ventilação natural, e a aplicação de materiais de fácil manutenção.

O projeto previu a possibilidade de readequação de espaços sempre que necessário, tornando o prédio útil por um longo período sem correr o risco de se tornar obsoleto ante novas exigências e usos. A proposta buscou ser uma referência para a cidade, um cartão de apresentação, um chamariz para atrair turismo e negócios a Cabo Frio.

roof terrace, would make this institution a living space for the city residents and tourists, or even for those who visit Cabo Frio on business.

The challenge of this project was to design a building for simultaneous events with different configurations, where organizers could easily assemble and dismantle exhibits as well as host lectures. We included panels that used cutting-edge technology, with thermal and acoustic comfort and provided a good internal circulation that valued the surrounding view and provided a sense of freedom. The proposal included devices to ensure the access of people with special needs, as well as escape routes in case of emergencies.

The internal and external circulation of the building would be fully integrated. It was designed in a simple language users could easily understand; a visual unit rich in details with different heights and the predominant use of wood, glass, and concrete. One of the main concerns was the use of sustainable technologies, such as the reuse of rainwater, the use of solar energy, natural lighting, natural ventilation, and easy-to-maintain materials.

The project foresaw the possibility of readjusting spaces whenever necessary, making the building usable for a long time without the risk of becoming obsolete in the event of new requirements and uses. The proposal focused on creating a point of reference in the city, a landmark, a calling card to attract tourism and business to Cabo Frio.

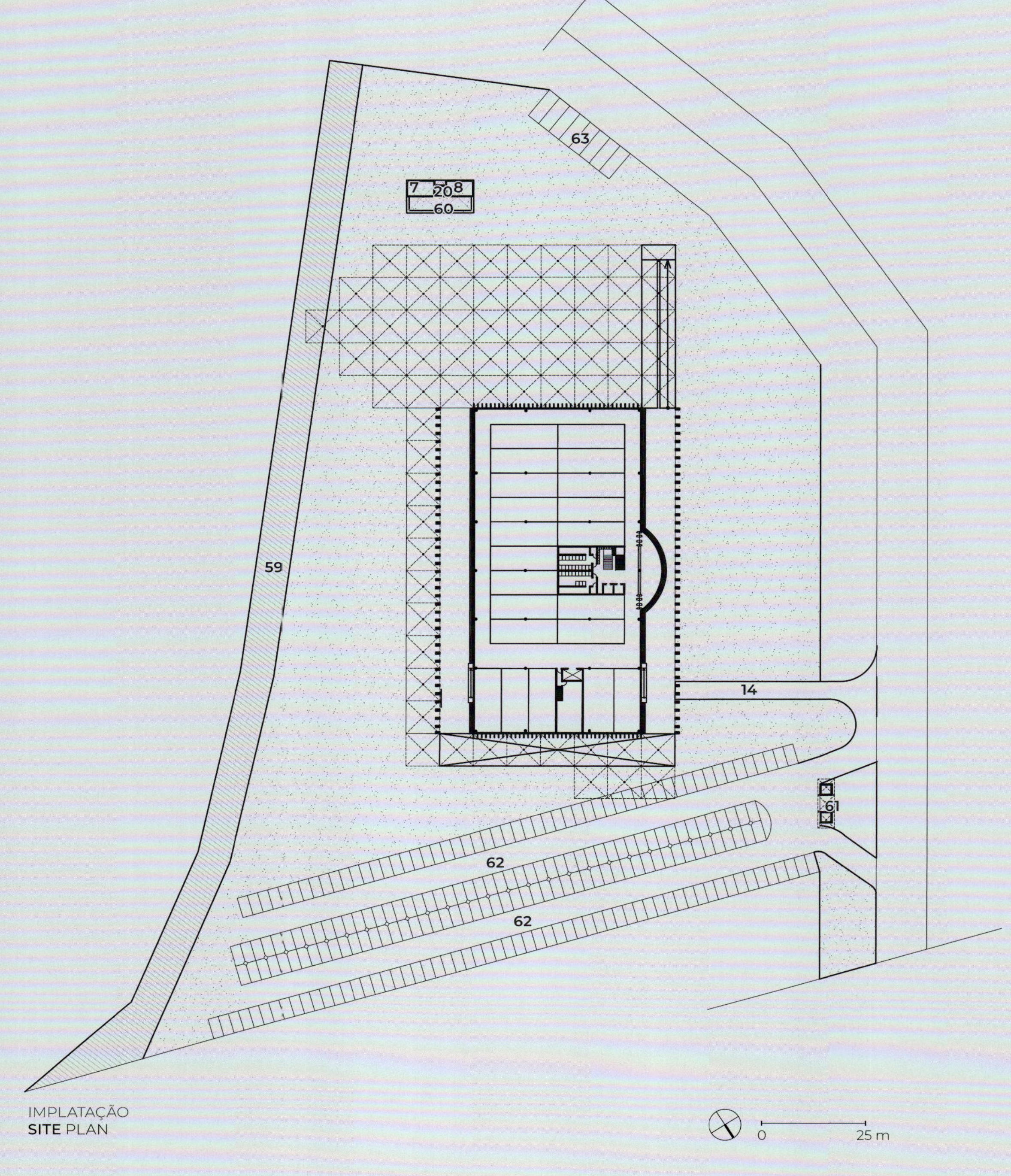

IMPLATAÇÃO
SITE PLAN

1 Terraço
2 Foyer
3 Circulação
4 Espaço expositivo principal
5 Hall do elevador social
6 Ármarios
7 Banheiro feminino
8 Banheiro masculino
9 Bebedouro
10 Sala de encontros
11 Elevador de carga
12 Refeições
13 Pátio de eventos ao ar livre
14 Rampa
15 Sala de espera
16 Recepção
17 Café
18 Área técnica
19 Depósito
20 Banheiro cadeira de rodas
21 Cabine de som
22 Sala de tradução
23 Auditório
24 AC
25 Banheiro feminino
26 Banheiro masculino
27 Vestiários
28 Escritório
29 Restaurante
30 Bar
31 Cozinha
32 Câmara fria
33 Terraço jardim
34 Casa de máquinas
35 Área de carga e descarga
36 Concierge
37 Depósito de lixo
38 Local para Gás Liquefeito
39 Gerador
40 Administração
41 Gestão
42 Sala de produção
43 Sala de imprensa
44 Salão não pavimentado
45 Ambulatório
46 Combate a incêndios
47 Telefonia
48 Segurança e monitoramento
49 Cozinha pessoal
50 Vestiários acessível
51 Vestiário masculino
52 Vestiário feminino
53 AC
54 Reservatório
55 Casa de maquinas
56 Depósito de equipamentos
57 Pátio subterrâneo
58 Plataforma de cadeira de rodas
59 Deck
60 Lanchonete
61 Concierge
62 Estacionamento
63 Estacionamento de ônibus

1 Terrace
2 Foyer
3 Hallway
4 Main exhibition room
5 Elevator hall
6 Lockers
7 Female bathroom
8 Male bathroom
9 Drinking fountain
10 Meeting room
11 Freight elevator
12 Catering
13 Outdoor events patio
14 Ramp
15 Waiting hall
16 Reception
17 Café
18 Technical area
19 Storage
20 Disabled bathroom
21 Sound cabin
22 Translating room
23 Auditorium
24 AC
25 Female bathroom
26 Male bathroom
27 Changing room
28 Services and help office
29 Restaurant
30 Bar
31 Kitchen
32 Cold room
33 Garden terrace
34 Machinery room
35 Docking bay
36 Concierge
37 Trash deposit
38 Liquefied Gas location
39 Generator
40 Administration
41 Management
42 Production room
43 Press room
44 Underground floor hall
45 Ambulance
46 Firefighting
47 Telephone
48 Security and monitoring
49 Staff kitchen
50 Disabled changing room
51 Male changing room
52 Female changing room
53 AC
54 Reservoir
55 Elevator shaft
56 Equipment storage
57 Underground patio
58 Wheelchair platform
59 Deck
60 Snack bar
61 Concierge
62 Parking lot
63 Bus parking lot

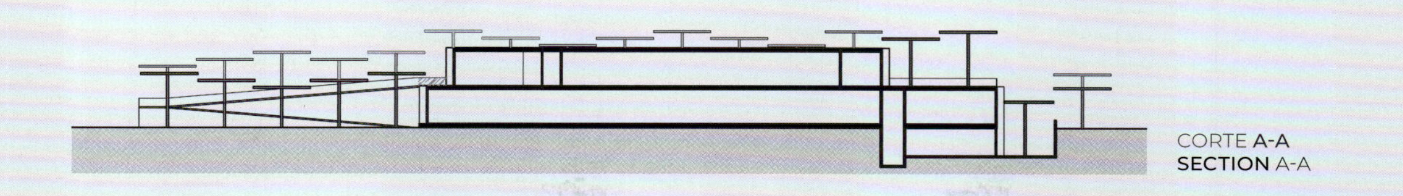

CORTE A-A
SECTION A-A

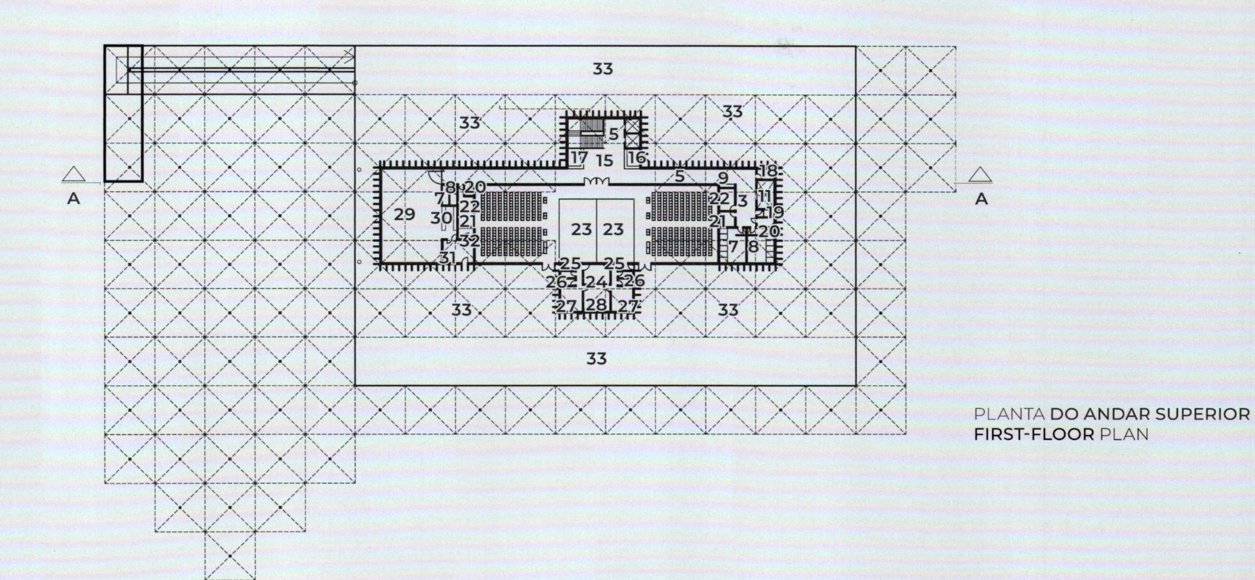

PLANTA DO ANDAR SUPERIOR
FIRST-FLOOR PLAN

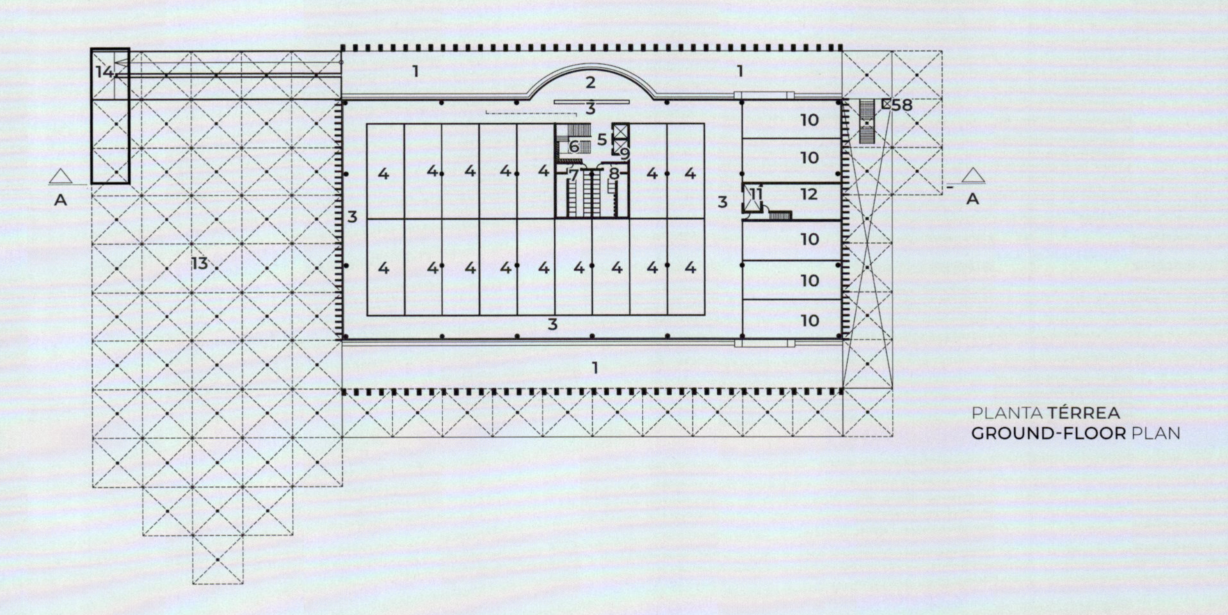

PLANTA TÉRREA
GROUND-FLOOR PLAN

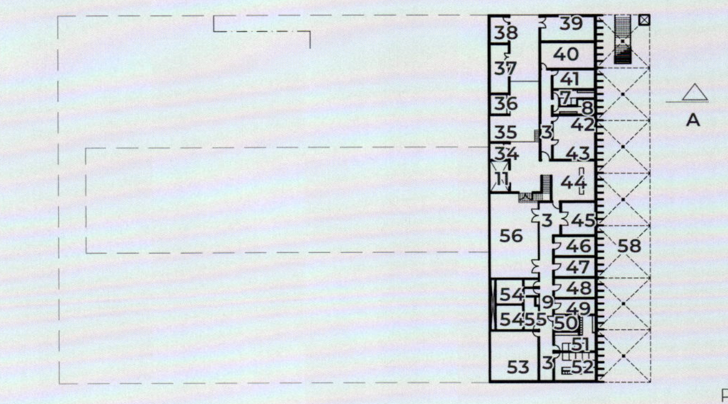

PLANTA DO SUBSOLO
LOWER LEVEL FLOOR PLAN

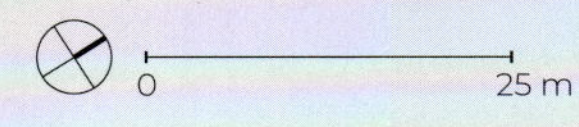

Vista das pérgolas de madeira e teto jardim do museu

View of musuem with wooden pergolas and roof garden

Vista geral do museu com pérgolas, teto jardim e mar ao fundo Museum overview with pergolas, roof garden, and the ocean in the background

Vista geral do Museu   Aerial view of museum

Vista geral do pátio/jardim lateral/pérgolas   View of patio, side garden, and pergolas

Detalhe da pérgola e acesso ao teto jardim   Pergola and walkway to the roof garden

À minha família, minha esposa Roberta, meus filhos Stefano, Lorenzo e Isabella, meus pais Yolanda e Ugo, meus irmãos Maria e Gugu, e à Vera.

A todos os arquitetos, engenheiros, paisagistas, designers gráficos, designers de interiores e de iluminação, estagiários, fotógrafos e especialistas em todos os aspectos necessários ao desenvolvimento dos projetos, que participaram dessa aventura comigo; sem eles não teria sido possível. Aos funcionários de nosso escritório. Ao Romulo Fialdini. A todos que construíram meus projetos, do engenheiro-chefe ao mais humilde servente.

A todos os clientes que me deram a possibilidade de entrar em suas vidas e dar forma a seus sonhos.

ACKNOWLEDGMENTS

You only live twice,
one life for yourself and one for your dreams.

John Barry / Leslie Bricusse

To my family, my wife Roberta, my children Stefano, Lorenzo, and Isabella, my parents Yolanda and Ugo, my siblings Maria, Gugu, and Vera.

To all the architects, engineers, graphic designers, interior designers, lighting and landscape designers, interns, photographers and specialists in all aspects necessary for the development of projects, who participated in this adventure with me; without them it wouldn't be possible. To our office staff. To Romulo Fialdini. To all who built my projects, from the principal engineer to the most humble servant.

To all my clients who have given me the opportunity to enter their lives and shape their dreams.

Published in Australia in 2023 by The Images Publishing Group Pty Ltd
ABN 89 059 734 431

Offices

Melbourne
Waterman Business Centre
Suite 64, Level 2 UL40
1341 Dandenong Road
Chadstone, Victoria 3148
Australia
Tel: +61 3 8564 8122

New York
6 West 18th Street 4B
New York, NY 10011
United States
Tel: +1 212 645 1111

Shanghai
6F, Building C, 838 Guangji Road
Hongkou District, Shanghai
200434
China
Tel: +86 021 31260822

books@imagespublishing.com
www.imagespublishing.com

The Images Publishing Group Reference Number: 1141

A catalogue record for this book is available from the National Library of Australia

Title: Seeking the Essential: Raul di Pace
ISBN: 9781864705874

This title was commissioned in IMAGES' Melbourne office and produced as follows: Editorial Georgia (Gina) Tsarouhas, Jeanette Wall Graphic design ThaisOmetto Brown Production Nicole Boehringer

Printed by Artron, China, on 157gsm Chinese OJI FSC® matt art paper